4차원의 영성
리더십 대학

4차원의 영성
리더십 대학

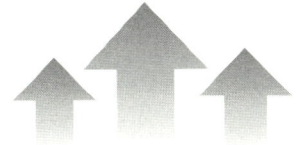

이영훈 지음

교회성장연구소

머·리·말

기도, 성령, 말씀을 통해
당신의 4차원의 영성을 업그레이드하라

'4차원의 영성'은 영적 권세를 통해 리더십을 발휘해야 하는 리더의 필수 조건입니다. 즉, 리더라면 하나님 나라의 능력을 부여받는 '4차원의 영성'을 내면화 하여 자신의 힘과 능력이 아닌 성령의 능력으로 공동체를 성장, 발전시킬 수 있어야 합니다.

모든 성도는 삶의 업그레이드를 위해 영적 성장을 갈망해야 하며 그러한 영적 성장을 통해 리더로 쓰임 받도록 훈련되어야 합니다. 리더의 자리는 하나님의 도구로 쓰임 받는 영광의 자리이자 축복의 통로가 되기 때문입니다. 물론 성도 스스로가 더 이상 영적 성장을 갈망하지 않을 수도 있습니다. 자신에게 주어진 은혜에 만족하면서 성장을 위한 훈련이나 인내는 감당하기를 원치 않기도 합니다. 하지만 이것은 하나님이 주시는 축복의 원리를 모르기 때문입니다.

: 차고 넘치는 기름 부으심이 예비되었다

하나님은 누구에게나 차고 넘치는 기름 부으심을 준비해 두셨습니다. 그래서 때가 되면 우리 모두에게 차고 넘치는 기름 부으심을 허락하십니다. 하지만 그때 준비된 그릇이 작으면 적은 양의 기름 부으심을 받고, 그릇이 크면 많은 양의 기름 부음을 받습니다.

하나님이 다른 양의 기름 부으심을 허락하시는 것이 아니라 준비된 그릇의 크기 차이임을 알아야 합니다. 그러므로 우리가 예수님을 믿고 구원받았다면 이제 그릇을 넓히기 위해 영적 성장을 이뤄 나가야 합니다. 인내와 연단을 통해 큰 그릇이 준비되면 그때 하나님의 넘치는 축복과 기름 부음을 받게 되고 비로소 세상을 섬길 수 있게 됩니다.

그러므로 영적 성장을 위해서 하나님과 깊이 교제하며 성령의 능력을 부여받는 시간을 항상 갈망해야 합니다. 그때 하나님이 주시는 영적 리더십을 부여받아 하나님의 일에 크게 쓰임 받을 수 있습니다.

:『4차원의 영성 리더십 대학』무엇이 달라졌나?

『4차원의 영성 리더십 대학』은『4차원의 영성 리더십 학교』를 통해 훈련된 리더들을 한 단계 더 성장시키고자 기획된 교재입니다. 『4차원의 영성 리더십 학교』는 입문 과정으로 4차원의 영적 세계와 더불어 셀프 리더십을 개발시키는 방법에 대해 소개했습니다. 『4차원의 영성 리더십 대학』은 심화 과정으로 각 주제에 대해 구체적으로 적용하고 실천하는 방안들이 포함되어 있습니다. 특별히 조용기 목사님이 저술하신 단행본 『4차원의 영성』을 토대로 하여 '4차원의 영성'에 대한 기본적인 이해를 깊게 하고, 본질에 더욱 충실하고자 했습니다. 또한 무엇보다 가장 큰 차이는 스스로 적용할 점을 찾아 나가 자발적인 변화와 성장을 이끌어 낼 수 있도록 안내하고 있다는 것입니다.

: 한 단계 더 높이 도약하는 기회

특별히 생각, 믿음, 꿈, 말, 기도, 성령, 말씀 7가지 영역의 한 단계 도약과 성장(Upgrade)을 위한 훈련 과정에 초점을 맞추고 있습니다. 1단계(Unlimited God's thinking)는 생각의 업그레이드로 전능하신 하나님의 자녀라는 생각을 바탕으로 한계가 없으신 하나님의 생각을 품는 것을 훈련합니다. 2단계(Positive faith)는 믿음의 업그레이드로 하나님 안에서 모든 것이 가능하다는 절대 긍정의 믿음을 심어 나가는 시간입니다. 3단계(God-given vision)는 꿈의 업그레이드를 통해 하나님이 주시는 꿈을 구체적으로 그려 나가도록 안내합니다. 4단계(Remember power of word)는 말의 업그레이드를 위해 말이 가진 창조력을 배우고 훈련하는 시간입니다. 5단계(An hour prayer)는 기도 생활의 업그레이드를 위해 한 시간 이상 기도하는 훈련을 강조하며 궁극적으로 기도로 영적 권세를 지닐 수 있도록 합니다. 6단계(Day-by-day friendship with Holy Spirit)는 성령 안에서의 업그레이드를 위해 매일매일 성령님과 동행하는 삶을 실천하도록 돕습니다. 7단계(Eat spiritual bread)는 말씀 안에서의 업그레이드를 위해 매일 묵상을 통해 영의 양식을 공급받고 말씀에 순종하여 형통케 되는 삶에 대해 강조합니다.

: 4차원의 영성을 훈련하는 기도, 성령, 말씀 생활

특히 『4차원의 영성 리더십 대학』에서는 4차원의 영성을 훈련하기 위한 방법으로 기도 생활, 성령님과의 동행하는 생활, 말씀 생활을 강조하고 있습니다. 4차원의 영성은 인간 스스로 긍정적으로 생각하고 무조건적으로 믿고, 큰 꿈을 꾸며 좋은 말만 하는 것을 의미하지 않습니다. 4차원의 영성은 성령충만으로 시작되며, 성령충만으로 완성되는 철저하게 성령 중심적인 영성 원리입니다.

따라서 먼저 한 시간 이상 기도를 통해 성령충만한 기도를 드릴 수 있어야 합니다. 그때 나의 생각이 아닌 하나님의 생각을 통해 기도하게 되고, 나의 믿음이 아닌 하나님의 믿음이 심겨지게 됩니다. 이렇게 성령님과 깊이 교제하는 기도를 통해 외면적인 변화가 아니라 내적인 성화, 성숙이 이뤄지게 되는 것입니다. 그때 우리는 진정으로 성령님과 동행하는 삶을 살 수 있습니다. 성령님께 삶의 모든 것을 내어 드려서 그분이 친히 우리의 안내자, 인도자가 되도록 하는 것입니다. 또한 말씀을 통해 성령님의 뜻을 알아갈 수 있습니다. 하나님은 우리 한 사람, 한 사람을 향한 계획을 갖고 계시고 말씀을 통해 분명하게 인도하시는 분입니다. 따라서 매일 묵상을 통해 하나님의 계획을 알고 순종할 수 있어야 합니다.

이렇게 기도와 말씀 생활을 통해 성령님과 동행하고 말씀에 순종하는 것이 4차원의 영성을 지닌 성도의 삶입니다. 그러므로 4차원의 영성을 소유하기 위해서는 꾸준히 기도, 성령, 말씀을 가까이 하는 훈련을 쉬지 말아야 합니다.

: 하나님의 주권 아래서 인간의 노력 강조

조용기 목사님의 '4차원의 영성'은 신학적으로 하나님의 절대 주권을 강조하는 칼빈주의(Calvinism)와 인간의 노력과 자유 의지를 강조하는 알미니안주의(Arminianism)가 조화를 이루는 '순복음 신앙'을 잘 나타내 주고 있습니다. 기도, 성령, 말씀을 통해 성령님과의 교제를 꾀하는 것을 추구하며 하나님의 주권을 강조하면서도 생각, 믿음, 꿈, 말을 통한 인간의 노력을 강조함으로써 성화적 구원을 이뤄가는 것을 목적으로 하고 있습니다. 이 교재는 이러한 사상적 기초 아래 4차원의 영성을 7단계로 훈련하도록 구성되어 있습니다.

: 헌신과 섬김의 리더가 되자

성령님과 교제하기를 쉬지 않고, 자신의 삶을 내어 드려 하나님의 훈련에 동참할 때 성경 속의 모세, 다윗, 요셉 등과 같이 하나님의 역사에 동참하는 리더가 될 수 있습니다. 우리 한 사람, 한 사람이 영적으로 성숙한 리더가 될 때 공동체를 하나님의 계획으로 인도할 수 있습니다. 나아가 사랑을 실천하고 이웃을 섬기는 선한 영향력을 끼치며 공동체의 변화를 이끌어 내야 합니다. 예수님이 제자들에게 보이신 섬김의 모습을 닮아 먼저 낮아지고 헌신하는 리더로서 세워지는 것이 영적 성장의 진정한 목표입니다.

우리의 최선을 드릴 때 가장 멋진 계획으로 인도하시는 주님을 의지하여 한 단계 업그레이드된 훈련에 동참하는 여러분이 되길 소망합니다.

여의도순복음교회 당회장

이 영 훈

들·어·가·는·말

성령충만한 가운데 간절한 기도로 경험되는 4차원의 영적 세계

4차원의 영성의 구성 요소인 생각, 믿음, 꿈, 말은 하나님의 절대 주권 안에서 작용합니다. 절대 주권자로서의 좋으신 하나님은 인간에게 기적을 베풀어 주실 때 성령충만한 인간의 믿음을 통해서 역사하십니다.

믿음은 하나님께서 인간에게 주신 선물이므로 인간 자신의 소유물이 될 수 없습니다. 우리가 하나님의 말씀을 전적으로 신뢰하고 순종하면 우리의 마음에 믿음이 생기는 것입니다. 이때 성령은 역동적인 역사로 성경 말씀을 통해 마음속에 꿈과 비전을 불어넣어 줍니다.

하나님의 형상대로 창조된 인간은 4차원의 영적 세계의 일들을 상상함으로 영적인 능력을 체험할 수 있습니다. 인간의 상상 능력은 성령충만함을 통해 영적 세계를 바라보며 꿈과 비전을 가질 수 있습니다. 그것은 3차원의 물질세계의 문제들을 극복할 수 있는 능력이 됩니다. 그런데 이러한 믿음으로 가지는 꿈과 비전은 하나님께서 생각을 통해 주십니다. 즉 생각은 4차원의 영성의 구성 요소로서 하나님께서 우리에게 말씀하시는 통로가 됩니다.

성령은 우리의 생각을 통해서 4차원의 영적 세계로부터 부화와 같은 방법으로 3차원의 물질세계를 지배하시며 질서와 생명 그리고 풍요를 창조하십니다. 따라서 우리들은 우리 생각을 통해서 역사하시는 성령 안에서, 성령과 함께, 성령을 통해서 3차원의 물질세계를 지배하고 다스리는 창조적이고 풍성한 삶을 살 수 있는 것입니다.

4차원의 영성의 구성 요소들은 절대 주권자로서의 좋으신 하나님이 주시는 믿음이 성령 안에서 말씀을 통해 생겨나고 그 믿음이 우리의 생각을 새롭게 하며 꿈과 비전을 주어서 입술로 선포하게 합니다. 믿음의 선포를 할 때 성령의 역동적인 역사를 통해 창조적인 역사가 일어납니다. 4차원의 영성을 소유한 믿음은 좋으신 하나님의 절대 주권 안에서 예수 그리스도의 십자가 은혜로 성령을 통해 하나님의 말씀에 근거하여 우리가 믿고 영접하고 시인할 때 생깁니다.

: 말씀과 성령 그리고 기도의 상호 관련성

믿음과 하나님의 말씀 그리고 성령은 언제나 밀접하게 연결되어 있습니다. 즉 4차원 영성의 4가지 구성 요소, 즉 생각, 믿음, 꿈, 말 등이 언제나 하나님의 절대 주권 속에서 하나님의 말씀을 통해 성령충만한 가운데서 간절한 기도와 함께 서로 밀접한 관계를 이루고 있습니다. 4차원의 영성은 성령충만한 믿음에서 출발하여 말씀과 기도 그리고 4차원의 영성의 4가지 구성 요소와 서로 밀접한 관계를 가집니다.

: 말씀과 믿음의 상호 관련성

하나님의 말씀을 두 가지 측면, 즉 기록된 말씀과 선포된 말씀으로 구분할 수 있습니다. 전자는 하나님께서 모든 사람에게 공통적으로 주신 기록된 말씀입니다. 반면 후자는 성령께서 기록된 말씀 중에서 역동적으로 믿는 사람에게 특별하게 주시는 하나님의 말씀입니다. 그것은 하나님으로부터 받은 계시적인 말씀이라고 할 수 있습니다. 그러므로 선포된 말씀은 지금 여기서 하나님께서 하시는 말씀으로서 기적을 체험하는 믿음을 갖게 합니다.

또한 믿음은 두 가지, 즉 인간의 신념과 하나님의 믿음으로 구분하여 설명할 수 있습니다. 인간의 신념은 제한적이나, 하나님의 믿음은 초자연적으로 역사합니다. 하나님의 믿음으로 행하면 3차원의 세계에서 엄청난 기적을 체험할 수 있습니다. 그 믿음은 우리가 날마다 하나님의 말씀을 묵상하고 읽음으로써 더 성장 성숙시킬 수 있습니다. 이와 같이 믿음과 하나님의 말씀은 언제나 관계성을 가지고 있습니다.

즉 선포된 말씀과 하나님의 믿음은 내적으로 서로 연관되어 있음을 알 수 있습니다.

: 꿈과 믿음의 상호 관련성

꿈과 비전은 믿음과 떨어질 수 없는 동반자의 관계입니다. 믿음은 꿈과 비전을 세우는 기초가 되며, 꿈과 비전은 믿음을 성장 성숙시킵니다. 또한 꿈과 비전은 우리의 믿음을 언제나 새롭게 하고 활기차게 하며, 용기를 가지게 함으로써 기적을 체험할 수 있게 합니다. 이것이 바로 꿈과 믿음이 내적으로 밀접한 관계에 놓여 있음을 말해줍니다.

4차원의 영적 세계에서의 꿈과 비전은 믿음의 본질입니다. 따라서 크리스천들은 성령의 언어인 꿈과 비전을 가지고 믿음 생활을 해야 합니다. 꿈과 비전은 4차원의 영성의 믿음과 하나님의 절대 주권 속에서 내적으로 밀접한 관계성을 가지고 있습니다. 하나님을 의지하여 목표를 구체적으로 꿈꾸면, 우리는 자신의 미래를 부화할 수 있고 목표를 향한 끊임없는 노력은 결국 좋은 결과를 얻게 될 것입니다. 물론 이 같은 모든 것은 하나님의 주권에 속한 것이므로, 하나님의 뜻대로 살고자 하는 노력과 하나님을 전적으로 의지하는 믿음이 요구됩니다.

: 생각과 믿음의 상호 관련성

우리가 4차원의 영적 세계의 능력을 체험하기 위해서는 하나님의 말씀을 통해 하나님의 생각을 소유해야 합니다. 왜냐하면 믿음은 하나님의 말씀을 통해서 생기며, 또한 말씀을 통해서 하나님의 생각을 가질 때 믿음의 역사가 일어나기 때문입니다.

하나님의 생각이 우리의 생각을 새롭게 할 때 우리에게는 기적을 체험하는 믿음이 생깁니다. 이 믿음으로 인해 삶이 새로워지며 4차원의 영적 세계의 기적을 맛볼 수 있습니다. 하나님의 말씀은 하나님의 생각이므로 우리가 말씀을 읽고 묵상하면 우리의 생각이 하나님의 생각으로 채워지고 그 결과로 하나님이 주시는 믿음을 가질 수 있습니다. 이처럼 하나님의 생각은 4차원의 영적 세계의 믿음과 내적으로 연계되어 있습니다.

: 말과 믿음의 상호 관련성

하나님의 말씀이 창조력이 있듯이 하나님의 형상대로 지음 받은 인간의 말에도 창조력이 있습니다. 인간이 하나님의 형상대로 창조되었기 때문입니다. 그러므로 우리 믿음의 말을 통하여 성령이 역동적으로 역사하시고 그 결과 우리는 3차원의 물질세계를 지배하고 다스릴 수 있습니다. 그러므로 우리가 4차원의 영적 세계의 요소인 말을 긍정적이고 창조적으로 사용하면 3차원의 물질세계 역시 그렇게 변화할 수 있습니다.

성경 말씀을 통해 우리의 생각이 변화되고, 생각으로 인해 분명한 믿음의 확신이 생기면 그 믿음을 시인하고 선포해야 합니다. 그래야 4차원의 영적 세계의 능력을 체험할 수 있습니다. 반대로 우리가 성령의 임재를 느껴도 살아계신 하나님의 말씀을 선포하지 않으면 성령의 역동적인 역사는 일어나지 않습니다.

이처럼 4차원의 영적 세계의 구성 요소인 말과 믿음 그리고 성령의 역동적인 임재는 함께 역사합니다. 생각, 믿음, 꿈, 말 등이 언제나 하나님의 절대 주권 속에서 하나님의 말씀을 통해 성령충만한 가운데서 간절한 기도와 함께 이루어지는 밀접한 관계를 갖습니다.

매·뉴·얼

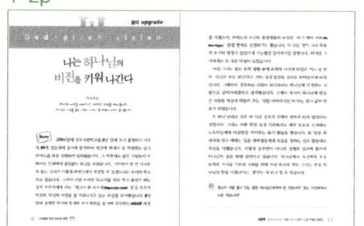
1-2p

1_ 학습 목표 & 예화 & 질문
학습 목표를 다 함께 큰 목소리로 읽고 'Story(예화)'를 편안한 마음으로 읽어 내려갑니다. 예화를 읽고 난 후 제시되는 질문에 솔직하게 답합니다.

3-5p

2_ 본문
『4차원의 영성』의 내용을 토대로 재구성한 핵심 본문입니다. 때문에 『4차원의 영성』과 병행하여 읽는 것이 내용 이해에 도움을 줍니다. 특별히 인도자는 『4차원의 영성』을 먼저 읽고 내용을 충분히 숙지한 후 본문을 설명해 나가도록 합니다.

6p

3_ 체크 퀴즈
본문의 핵심 내용에 대해 바르게 이해하고 있는지를 점검해 보는 시간입니다. 문제를 풀고 아래의 답을 확인하시면 됩니다.

7p

4_ 성경 인물 예화
본문 내용의 이해를 돕기 위해 주제와 관련된 성경 속 인물들의 이야기를 담고 있습니다. 반드시 이 예화를 읽은 후 적용 연습의 질문에 답하도록 합니다.

5_ 적용 연습

성경 인물과 자신의 삶을 비교하고 반성해 보는 시간입니다. 적용할 점을 찾아 적은 후 실천해 나가도록 노력합니다.

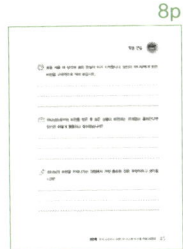
8p

6_ 말씀 암송

『4차원의 영성』에 제시된 단계별 주제 말씀을 암송하여 적어 보는 시간입니다. 말씀을 통해 각 단계에서 배운 내용들이 마음에 심겨져 생명력을 지닐 수 있도록 반드시 이 부분을 마친 후 다음 단계로 넘어가도록 합니다.

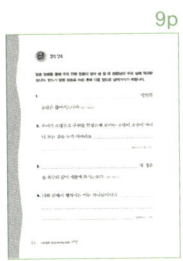
9p

7_ 내가 만드는 긍정 선언문 & 내가 만드는 행동 지침서

지금까지 배운 내용들을 삶에 적용하기 위한 시간입니다. '내가 만드는 긍정 선언문'에서는 "나는 하나님의 비전을 품은 사람이다." 등의 자기 선포를 통해 긍정적인 자화상을 갖도록 훈련합니다. 또 이를 실현하기 위해 "나는 성경을 하루 1장 묵상하고, 3장 통독하겠다." 등의 구체적인 행동 지침들을 적어 단순한 외침이 아닌 삶에 변화를 가져오도록 결단하는 시간을 갖습니다.

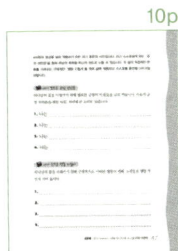
10p

8_ 실천 체크 리스트

1~7단계에서 배운 내용을 최종적으로 점검하고 정리하는 시간입니다. 지금까지 배운 내용을 토대로 구체적으로 실천 목록들을 적고 삶 가운데 적용하며 자가 진단하도록 구성되었습니다.

4차원의 영성
리더십 대학

머리말 ... 4

들어가는 말 ... 10

매뉴얼 ... 16

Unlimited God's thinking
1단계 | 생각의 upgrade 나는 전능하신 하나님의 자녀이다 ... 20

Positive faith
2단계 | 믿음의 upgrade 나는 하나님 안에서 능히 할 수 있다 ... 32

God-given vision
3단계 | 꿈의 upgrade 나는 하나님의 비전을 키워 나간다 ... 44

Remember power of word
4단계 | 말의 upgrade 나는 말의 창조력을 지니고 있다 ... 56

Contents

An hour prayer

5단계 | 기도 안에서의 upgrade 나는 기도로 영적 권세를 지닌다 ... 68

Day-by-day friendship with Holy Spirit

6단계 | 성령 안에서의 upgrade 나는 언제나 성령님과 동행한다 ... 80

Eat spiritual bread

7단계 | 말씀 안에서의 upgrade 나는 말씀에 순종함으로 형통케 되다 ... 92

- 실천 체크 리스트 ... 104
- 플러스 α 더 읽을거리 ... 113

1단계　**U**nlimited God's thinking

2단계　Positive faith

3단계　God-given vision

4단계　Remember power of word

5단계　An hour prayer

6단계　Day-by-day friendship with Holy Spirit

7단계　Eat spiritual bread

Unlimited God's thinking

1단계

| 생각의 upgrade |

나는 전능하신 하나님의 자녀이다

> "하나님의 자녀라는 올바른 자화상을 품게 될 때
> 우리는 일생을 하나님의 보호하심과 계획하심을 따라 살아가는
> 성공하는 인생을 살게 됩니다."

| 생각의 **upgrade** |

Unlimited God's thinking

나는 **전능**하신 **하나님**의 **자녀**이다

| 학습 목표 |

하나님의 생각을 닮아가는 방법에 대해 구체적으로 배워 봅니다.
하나님의 자녀가 품어야 할 자화상에 대해 알아봅니다.

Story 　대통령 경호실 차장이었던 주대준 장로는 경남 산청의 작은 산골 마을에서 태어났습니다. 주 장로는 초등학교 2학년 때 아버지의 사업 실패로 인해 가족들과 함께 거제도로 피신을 가듯 도망쳐야 했습니다. 그렇게 낯설기만 한 거제도에서의 생활은 결코 녹록지 않았습니다. 그곳에서 아버지는 질병으로 인해 세상을 떠나고 가세는 더욱 어려워져만 갔습니다.

　그러나 다행히 절망적인 상황 속에서 주님을 알게 되었습니다. 그날 이후로 그는 주님을 '주 씨 아버지'라 부르며 모든 상황과 환경을 뛰어넘어 승리하신 하나님을 바라보는 것을 훈련하기 시작했습니다.

어떠한 역경 속에서도 하나님께서 그를 도우시고 함께하시기 때문에 모든 것이 형통케 될 것이라는 긍정적인 생각을 잊지 않았습니다. 초등학교 때부터 시작된 경제적 궁핍으로 초·중·고등학교 시절을 고학하면서도 단 한 번도 자신의 처지를 비관하거나 불평하지 않았습니다. 오히려 신실하신 하나님이 자신에게 반드시 형통한 길을 보이실 것이라고 생각했습니다.

미래의 자신의 모습을 생각할 때면 실력과 마음가짐, 삶의 태도 등을 놓고 하나님께서 어떻게 생각하실지에 초점을 두고 그것에 맞춰 나갔습니다. 결국 그는 요셉이 모든 역경과 고난을 이겨내고 애굽의 총리가 된 것처럼, 대통령 경호실의 전산실 개발 팀장으로 청와대에 입성하게 되었습니다. 그곳에서도 정보화의 불모지였던 청와대를 오늘날 첨단 정보화의 산실로 탈바꿈시킨 '청와대 정보화의 산증인'이 되었습니다.

그는 하나님의 자녀로서 어떻게 생각하고 꿈꿔야 할 지를 아는 사람이었습니다. 그래서 하나님이 그를 통해 이루시고자 하는 계획들이 그의 삶에 나타날 수 있었습니다. 이처럼 생각은 미래를 바꾸는 힘이 있습니다. 우리가 전능하신 하나님의 생각을 품을 때, 우리 삶에 하나님의 계획이 펼쳐지게 됩니다.

 당신은 생각이나 판단의 기준을 무엇에 두고 있습니까?

▎**일생을** 좌우하는 두 가지의 신앙 자세가 있습니다. 하나는 예수님을 믿으면서도 옛 사람의 부정적인 자세에서 벗어나지 못하는 것이고, 또 하나는 새 사람의 긍정적인 자세를 덧입는 것입니다. 옛 사람은 구원 받기 이전, 죄의 사람으로서의 생각을 그대로 지니고 있기 때문에 부정적일 수밖에 없습니다. 반대로 새 사람은 주 안에서 거듭난 사람으로서의 새로운 자화상을 갖고 있어 긍정적인 생각을 품게 됩니다.

이것은 무조건적인 긍정적인 생각과는 다릅니다. 예수님이 십자가에 달려 죽으심으로 인해 이미 이뤄 놓으신 승리를 자신의 것으로 받아들이고 믿고 시인하는 것입니다. 하나님의 자녀라는 올바른 자화상을 품게 될 때 우리는 일생을 하나님의 보호하심과 계획하심을 따라 성공하는 인생을 살게 됩니다.

1. 하나님의 방식대로 생각하라

새롭게 태어난 우리는 새로운 생각을 품어야 합니다. 환경을 바라보고 근심하고 걱정, 염려하는 것이 아니라 하나님의 방식대로 생각할 줄 알아야 합니다. 예수님의 제자들은 어부나 세리 같은 직업을 가진 사람들이었습니다. 세상 사람들이 생각하기에는 보잘것없고 어리석은 존재였습니다. 하지만 그들이 성령충만하여 성령의 생각으로 가득 채워지자 패배 의식은 사라지고 용기와 담대함을 지니고 예수님을 증거 하게 되었습니다. 세상과 환경이 결정짓는 과거의 내가 아니라 전능하신 하나님의 자녀라는 자화상을 품는 것이 중요합니다.

2. 긍정적인 생각으로 무장하라

똑같은 환경이라도 긍정적으로 바라볼 때 우리의 생각을 통해 환경이 변화될 수 있습니다. 어떠한 상황이든 합력해서 선을 이루시는 하나님을 고백하고 긍정적인 생각으로 자화상을 바꿔야 합니다. '나는 건강하다, 나는 잘할 수 있다, 나는 행복하다.'라는 긍정적인 생각을 통해 우리의 삶에 긍정적인 역사가 일어나게 해야 합니다. 심지어 다가오는 고난과 환난까지도 긍정적으로 볼 수 있어야 합니다. 여호수아와 갈렙이 하나님을 신뢰하여 가나안 땅을 정복할 수 있다고 확신했던 것처럼 우리도 절대 긍정의 생각으로 무장되어야 합니다. 이처럼 환경을 의지하지 않고 긍정적으로 생각할 수 있는 이유는 전능하신 하나님이 우리 편이기 때문입니다. 하나님이 하시는 일은 한계와 제한이 없습니다. 이 사실을 신뢰할 때 언제나 긍정적으로 해석하는 능력이 길러질 수 있습니다.

3. 부정적인 생각을 대적하라

아무리 긍정적인 생각을 하려 해도 부정적인 생각은 수시로 우리를 점령하려고 합니다. 또 인간은 모두 의인이 아닙니다. 죄인입니다. 그래서 생각에는 부정적인 요소가 이미 가득합니다. 분노, 절망, 불안 등은 계속 따라다니며 긍정적인 생각을 가로막습니다. 이것들은 의지적으로 없애지 않으면 점점 더 커져 우리의 생각 전체를 지배하고 맙니다.

그런데 부정적인 생각을 어떻게 하면 효과적으로 없앨 수 있을까

요? 만약 당신에게 "분노했던 일을 생각하지 마십시오."라고 말하는 순간 당신은 분노했던 일을 생각하게 될 것입니다. 무언가를 제거하려고 노력하면 오히려 그 생각이 점점 더 커지기 마련입니다. 그러므로 부정적인 생각을 없애기 위해서는 긍정의 생각을 앞세워야 합니다. 즉, 날마다 십자가의 은혜를 묵상하고 하나님께 감사하고 찬양하는 생각을 품는 것입니다. 그럴 때 자연스럽게 부정적인 생각은 소멸해 버리고 맙니다. 하나님이 주시는 생각으로 가득 차면 더 이상 사단의 생각이 자리 잡을 곳이 없어집니다.

4. 다섯 가지의 복음과 세 가지의 축복을 생각하라

예수님의 십자가 은혜를 입은 우리는 이미 복 받은 사람입니다. 오중복음과 삼중축복이 바로 그것입니다. 이것은 우리의 힘으로 얻게 된 복이 아닙니다. 예수님을 믿음으로써 거저 얻게 되는 축복입니다. 다섯 가지의 복된 소식은 '중생의 복음, 성령충만의 복음, 신유의 복음, 축복의 복음, 재림의 복음'이며, 세 가지의 축복은 요한삼서 1장 2절로 대표되는 '네 영혼이 잘되고, 범사에 잘되고, 강건한' 축복을 말합니다. 이제 예수 그리스도로 말미암아 이 복된 소식과 축복이 내 것이 되었음을 항상 생각하고 믿고, 선포하십시오. 그때 당신 삶에 변화와 기적이 나타납니다.

▌ **생각은** 행동, 신체 반응, 환경까지 영향을 미칠 정도로 그 능력이 대단합니다. 그러므로 눈에 보이지 않는 생각이라고 해서 사소하게 여기거나 함부로 해서는 안 되는 것입니다. 무엇보다 끊임없이 우리의 생각을 하나님의 생각과 닮아지게 노력해야 합니다. 생각이 열매를 맺으며 환경을 창조한다는 사실을 믿고 창조적인 하나님의 생각을 품기 위해 노력해야 합니다. 이를 위해서는 말씀이 생각을 점령하게 해야 합니다. 또 성령충만을 통해 성령의 생각으로 가득 차야 하는 것입니다. 그때 전능하신 하나님의 자녀라는 건강한 자화상을 품고 승리의 삶을 살아가게 될 것입니다.

체크 퀴즈

Q 전능하신 하나님의 자녀가 품어야 할 자화상은 무엇입니까?

① 상황과 환경에 대해 정확하게 판단하고 분별하는 생각
② 혼자서 잘 할 수 있다는 생각
③ '나는 죄인이다.' 라는 정죄감에 빠져 움츠러든 생각
④ 하나님 안에서 그분의 능력으로 승리할 수 있다는 생각

정답 : ④

 성경 인물 예화

하나님의 생각 안에 이스라엘을 이끌 지도자 모세

> "이제 내가 너를 바로에게 보내어 너에게 내 백성 이스라엘 자손을 애굽에서 인도하여 내게 하리라(출애굽기 3:10)."

    40세에 우발적으로 살인을 저지른 모세는 미디안 광야로 도망가 40년 동안 양치기로 살았습니다. 그는 과거의 살인자이자 현재의 평범한 양치기로 사는 것이 남은 인생의 전부라고 생각했습니다. 자신이 이스라엘 백성들을 위해 무엇인가 할 수 있다는 생각은 전혀 하지 못했습니다. 그러던 어느 날 호렙 산에서 하나님을 만나게 됩니다. 하나님은 그에게 이스라엘 백성을 출애굽시킬 것을 명하십니다. 그러나 모세는 한 번도 생각해 보지 못한 일이었기에 그 일을 거절합니다. 모세의 자화상은 과거에 살인을 저질러 양치기로 살고 있는 평범한 사람이었을 뿐입니다. 그러니 "보낼 만한 사람을 보내소서."라고 대답한 모세의 심정을 이해할 수 있습니다. 하지만 하나님의 생각은 달랐습니다. 하나님은 그를 이스라엘 백성을 가나안으로 이끌 지도자로 예정해두셨습니다. 그리고 그가 스스로를 가장 보잘것없이 여길 때에 하나님은 그를 찾아와 출애굽의 계획을 말씀해 주셨습니다. 이처럼 하나님은 우리를 향해 귀하고 원대한 계획을 품고 계십니다. 내가 심어 놓은 보잘것없는 자화상을 뛰어넘고 전능하신 하나님의 자녀로서의 자화상을 심어 그분의 계획을 이뤄 드릴 수 있어야 합니다. ★★

적용 연습

⏰ 당신은 전능하신 하나님의 자녀입니다. 하나님의 자녀가 된 후 어떠한 삶의 변화를 기대하는지 적어 봅시다.

💼 하나님께서 당신을 향해 당신이 평소 생각지도 못했던 원대한 계획을 갖고 계심을 알게 된다면 어떻게 반응하겠습니까?

🎓 하나님의 자녀가 된 후 달라진 자화상을 가지고 자기 소개문을 적어 봅시다.

1단계 | 생각의 upgrade : 나는 전능하신 하나님의 자녀이다

 **말씀 암송**

말씀 암송을 통해 우리 안에 말씀이 살아 숨 쉴 때 성령님이 우리 삶에 역사하십니다. 반드시 말씀 암송을 마친 후에 다음 장으로 넘어가시기 바랍니다.

1. 육신을 따르는 자는 육신의 일을, 영을 따르는 자는 영의 일을 생각하나니 _____

_____ (로마서 8:5, 6)

2. 이는 내 생각이 너희의 생각과 다르며 내 길은 너희의 길과 다름이니라 여호와의 말씀이니라 이는 하늘이 땅보다 높음 같이 내 길은 너희의 길보다 높으며 _____

_____ (이사야 55:8, 9)

3. 그 발은 행악하기에 빠르고 무죄한 피를 흘리기에 신속하며 _____

_____ (이사야 59:7)

4. 모든 지킬 만한 것 중에 _____

_____ (잠언 4:23)

4차원의 영성을 삶에 적용하기 위한 자기 훈련의 시간입니다. 자기 스스로에게 하는 '긍정 선언문'을 통해 주님의 축복을 자신의 것으로 누릴 수 있습니다. 또 삶의 직접적인 변화를 가져오는 구체적인 '행동 지침서'를 적어 삶에 적용하고 스스로를 훈련해 나가시길 바랍니다.

내가 만드는 긍정 선언문

하나님이 주시는 생각을 품기 위해 필요한 긍정의 다짐들을 글로 적습니다. 다음의 긍정 선언문을 매일 아침, 저녁에 큰 목소리로 읽습니다.

1. 나는 전능하신 하나님의 자녀입니다.

2. 나는 _____

3. 나는 _____

4. 나는 _____

내가 만드는 행동 지침서

하나님이 주시는 생각을 품기 위해 구체적으로 어떠한 행동의 변화, 노력들을 행할 것인지 적어 봅시다.

1. _____

2. _____

3. _____

4. _____

1단계 — Unlimited God's thinking

 2단계 — Positive faith

3단계 — God-given vision

4단계 — Remember power of word

5단계 — An hour prayer

6단계 — Day-by-day friendship with Holy Spirit

7단계 — Eat spiritual bread

Positive faith

2단계
| 믿음의 upgrade |

나는 하나님 안에서 능히 할 수 있다

> "지금 아무리 현실이 어둡고 캄캄하더라도 환경을 바라보지 않고 하나님을 바라보는 절대 긍정의 믿음을 배워나갈 때 하나님이 우릴 통해 일하십니다. 믿음의 전진이 기적을 만들어냅니다."

| 믿음의 upgrade |

Positive faith

나는 하나님 안에서 능히 할 수 있다

| 학습 목표 |

믿음을 성장시키는 방법에 대해 구체적으로 배워 봅니다.
믿음의 사람이 가져야 할 태도에 대해 알아봅니다.

Story

『증언』이라는 책으로 잘 알려진 김길 목사님의 이름은 '복된 길'이라는 뜻을 지니고 있습니다. 하지만 책에서 소개된 것처럼 김 목사님의 삶은 '복'과는 매우 거리가 먼 고난의 여정이었습니다. 마치 험난한 광야의 한복판에 버려진 길과도 같았습니다.

김 목사님이 9살 때, 며칠 동안 큰형과 크게 싸우던 아버님은 급기야 자살을 선택하셨고 아버지의 죽음을 두고 형제들은 서로 갈등하게 되었습니다. 그러다 어머니 역시 형제들을 떠나버렸습니다. 가정의 분열과 절망은 여기서 그치지 않았습니다. 그의 셋째 형은 아버지처럼 약을 먹고 자살을 했고 둘째 형은 초등학교 3학년 때, 넷째 형은 중

학교 3학년 때 가출을 했습니다. 누나 역시 초등학교를 졸업하자마자 집을 떠났습니다. 집안의 막내였던 그의 삶 역시 분노와 좌절, 절망으로 얼룩져 갔습니다.

하지만 군대에서 예수님을 만나고는 복수와 절망의 고리를 끊어야겠다고 결심했습니다. 그리고 사람과 환경을 바라보지 않고 오로지 예수님을 바라보는 믿음으로 살기로 작정했습니다. 사람과 환경을 보면 좌절하고 절망할 수밖에 없는 처지였지만 예수님을 보기 시작하자 마음에 희망이 생겨났습니다. 그리하여 결혼을 한 뒤 아내와 함께 '길거리 교회'를 개척하게 되었습니다. 삶의 환경은 여전히 궁핍하고 처절했습니다. 그러나 더 이상 환경을 바라보지 않고 믿음으로 살기로 작정한 그는 믿음으로 더 담대하게 하나님을 부르짖어 찾았습니다. 오히려 그 무엇도 의지하지 않고자 개척할 때 핸드폰에 아는 사람의 전화번호를 모조리 지워버렸습니다.

그렇게 명동에서 홀로 기도하고 예배하는 것으로 시작한 길거리 예배에 현재는 30여 명이 함께하며 명동의 신실한 교회라는 뜻으로 '명신교회'라는 이름도 지었습니다. 비록 자신의 환경은 고통스럽고 절망스러웠지만 간증을 통해 많은 사람들에게 절대 긍정의 믿음을 전파하는 그는 살아있는 믿음을 실천하는 사람입니다.

힘든 순간에 당신이 가장 믿고 의지하는 것은 무엇입니까?

❙ **예수님을** 구세주로 영접하고 살아가는 동안 우리 인생에서 가장 중요한 것은 믿음의 사람으로 사는 것입니다. 하나님은 언제나 믿음의 사람과 함께하시며, 그를 통해 하나님의 놀라운 일을 이루십니다.

그러므로 예수님을 믿은 후에는 큰 믿음의 사람이 되기 위해 노력해야 합니다. 믿음을 소유한다는 것은 의지로 되는 것이 아닙니다. 우리가 기도할 때 하나님이 우리에게 믿음을 부어 주시는 것입니다. "주님, 내가 큰 믿음의 사람이 되기를 원합니다. 날마다, 날마다 나의 믿음의 영토가 넓어지게 하여 주옵소서."라고 기도할 수 있어야 합니다.

하박국 2장 4절을 인용해서 사도 바울은 로마서에서 이렇게 말했습니다. "복음에는 하나님의 의가 나타나서 믿음으로 믿음에 이르게 하나니 기록된 바 오직 의인은 믿음으로 말미암아 살리라 함과 같으니라(로마서 1:17)." 이 말씀처럼 우리가 믿음으로 살면 하나님의 은혜가 임합니다. 하나님의 기적과 축복이 우리 삶 가운데 나타나는 것입니다.

1. 바라봄의 믿음 법칙을 사용하라

4차원의 영성을 소유한 믿음은 목표를 바라보되 없는 것을 있는 것처럼 바라보는 것을 말합니다. 성령님은 현실을 뛰어넘어 일하시기 때문에 우리는 현실 너머에 있는 목표를 볼 줄 알아야 합니다. 히브리서 11장 1절을 보면 "믿음은 바라는 것들의 실상이요 보이지 않는 것들의 증거니."라고 말합니다. 하나님이 이미 승리하신 것들에 대해 신념을 지닌 믿음이 환경을 뛰어넘는 기적을 만들어 냅니다.

2. 부정적인 유혹의 환경과 싸우라

물론 환경은 자꾸 우리를 포기하고 절망하게 합니다. 우리 믿음이 헛된 것임을 자꾸 깨닫게 해주는 일들이 일어나며, 믿음을 지켜 나갈 때 오히려 상황이 더 안 좋아지는 경우도 있습니다. 그럴 때 믿음을 우리 힘으로 지키려고 하면 어렵습니다. 그러므로 우리는 하나님의 능력을 의지해야 합니다. 아무리 기도해도 안 믿겨질 때는 기도하고 구할 때 받은 줄로 믿으라는 그 말씀을 의지하여 믿겨질 때까지 기도해야 합니다. 마음에 확신과 평안이 올 때까지 주님께 부르짖는 기도를 드릴 때 우리는 하나님의 능력으로 부정적인 유혹의 환경과 싸워 승리할 수 있습니다.

3. 3차원 인생의 짐을 주께 맡겨라

야곱은 본래 자기 힘으로 살려고 애쓰던 사람이었습니다. 자신의 지략으로 형의 장자권을 빼앗고 또 14년간 수고하고 애써 라헬을 아내로 얻었습니다. 그리고 부도 손에 쥐었습니다. 그렇게 하나님을 의지하지 않고 3차원 인생의 짐을 스스로 지고 가기 위해 애썼습니다. 하지만 그는 자신이 사기 친 형 에서와 마주해야 하는 일을 앞두고 하나님의 축복을 간절히 구했습니다. 얍복 나루에서 사람들을 먼저 보내고 홀로 남아 하나님과 씨름하며 겨루게 된 것입니다. 그는 끝까지 자신에게 축복해 달라고 매달립니다. 그래서 그는 허벅지 관절을 다치고 다리를 절게 되었지만, 하나님을 의지하는 인생을 살게 됩니다. 하나님의 은혜로 형과 화해하게 되는 것은 물론 사기꾼이라는 이름을 버리고 '하나님과 겨루다.' 라는 뜻을 가진 이스라엘이라는 이름을 얻게 됩니다. 그리고 하나님으로부터 인정받는 장자가 되어 아브라함과 이삭의 축복을 이어받게 됩니다. 이처럼 인생을 우리가 살려고 하면 힘들고 고됩니다. 하지만 하나님께 모든 짐을 내려놓고 의지하면 우리가 상상하지도 못한 축복들이 우리 삶을 장식하게 될 것입니다.

4. 믿음으로 사는 법을 학습하라

각박한 시대 속에서 믿음을 지켜 나가기 위해서는 일상에서 믿음으로 사는 법, 하나님과 동행하는 법을 꾸준히 학습해야 합니다. 성령님을 만나고, 말씀을 묵상하고, 하나님을 묵상하면서 매일의 삶 속에서 믿음의 사람들을 가까이 해야 합니다. 유혹이 잔뜩 놓인 상황에 들어가 있으면서 믿음을 지키기가 너무 어렵다고 하소연하는 것은 옳지 않습니다. 요셉은 보디발의 아내가 유혹할 때 그 자리를 피했습니다. 믿음을 지키기 어려운 환경을 피하고 믿음을 지켜 나갈 수 있는 환경으로 삶을 세팅해 놓아야 합니다. 또한 하나님은 우리에게 도우시는 성령님을 보내사 우리가 그분을 의지하여 믿음을 지키게 하셨습니다. 성령님과 매일 동행하며 인도하심을 따라 살아갈 때 우리는 믿음으로 사는 법을 배워 나갈 수 있습니다.

▎**믿음은** 우리가 평생 학습하고 배워 나가야 하는 영역의 것입니다. 지금 아무리 현실이 어둡고 캄캄하더라도 환경을 바라보지 않고 하나님을 바라보는 절대 긍정의 믿음을 배워 나갈 때 하나님이 우릴 통해 일하십니다. 믿음의 전진이 기적을 만들어 냅니다. 우리의 믿음은 모든 장애물을 뛰어넘고 모든 불가능을 가능케 만드는 것입니다. 그러므로 우리가 큰일을 행하기에 앞서 주님 앞에 큰 믿음을 내어놓아야 합니다. 그때 하나님의 귀한 역사가 이 땅에 나타나게 됩니다. 지금은 비록 그 믿음이 적을지라도 매일 믿음을 성장시키려고 노력할 때 성령님이 도우시며 언젠가는 반드시 믿음의 열매를 맺게 될 것입니다.

체크 퀴즈

Q 다음 중 올바른 믿음은 무엇입니까?

① 목표를 정할 때 실현 가능하도록 낮은 목표를 세우는 믿음
② 나의 환경과 느낌에 따라 믿는 믿음
③ 기도하며 마음의 확신을 얻었을 때는 그 기도를 감사로 바꾸는 믿음
④ 유혹이 많은 상황 속에 혼자서 극복할 수 있다고 생각하는 믿음

ⓒ : 납장

 성경 인물 예화

예수님께 믿음을 칭찬받은 백부장

> "예수께서 들으시고 그를 놀랍게 여겨 돌이키사 따르는 무리에게 이르시되 내가 너희에게 이르노니 이스라엘 중에서도 이만한 믿음은 만나보지 못하였노라 하시더라(누가복음 7:9)."

한 백부장이 자신의 종이 병들어 죽게 되자, 예수님을 찾아와 그 병을 낫게 해 달라고 간청합니다. 예수님은 그의 이야기를 듣고 그의 집을 향했습니다. 하지만 그때 백부장은 "주여! 수고하시지 마옵소서. 내 집에 들어오심을 나는 감당하지 못하겠나이다. 말씀만 하사 내 하인을 낫게 하소서."라는 말로써 예수님을 향한 믿음을 드러냈습니다.

백부장의 이 고백을 들은 예수님은 참으로 놀라셨습니다. 이스라엘에서 이만한 믿음을 만나보지 못하였다고 칭찬하셨습니다. 백부장은 예수님의 무한한 능력을 자신이 직접 보지 못하고 체험하지 못했지만 그 능력에 대한 믿음을 입술로 고백했습니다. 그리고 그의 믿음대로 집에 돌아갔을 때는 이미 종이 병 고침을 받은 상태였습니다.

우리가 주님을 향한 믿음을 보일 때 주님은 우리의 믿음대로 행하십니다. 하지만 직접 눈으로 보고 만져 봐야만 믿겠다고 고집을 부리면 우리는 결코 주님이 행하실 위대한 일의 주인공이 될 수 없습니다. 믿음만 드리면 하나님은 우리를 통해 크고 놀라운 일들을 행하십니다. ★★

적용 연습

⏰ 당신의 삶 속에서 말이나 행동을 통해 믿음을 드러낼 수 있는 기회나 방법을 적어 봅시다.

💼 위기 가운데 믿음을 붙들고 나아가 하나님이 해결하시는 일을 경험 했다면 적어 보십시오.

📜 당신의 믿음을 방해하는 요소가 있다면 무엇입니까? 이를 제거하기 위해 어떠한 노력이 필요한지 적어 봅시다.

 말씀 암송

말씀 암송을 통해 우리 안에 말씀이 살아 숨 쉴 때 성령님이 우리 삶에 역사하십니다. 반드시 말씀 암송을 마친 후에 다음 장으로 넘어가시기 바랍니다.

1. _____

   선진들이 이로써 증거를 얻었느니라 (히브리서 11:1, 2)

2. _____

   _____ 이는 네 후손이 이 같으리라 하신 말씀대로 많은 민족의 조상이 되게 하려 하심이라 (로마서 4:18)

3. 네가 보거니와 _____

   _____ (야고보서 2:22)

4. 믿음으로 모든 세계가 하나님의 말씀으로 지어진 줄을 우리가 아나니 _____

   _____

   _____ (히브리서 11:3)

4차원의 영성을 삶에 적용하기 위한 자기 훈련의 시간입니다. 자기 스스로에게 하는 '긍정 선언문'을 통해 주님의 축복을 자신의 것으로 누릴 수 있습니다. 또 삶의 직접적인 변화를 가져오는 구체적인 '행동 지침서'를 적어 삶에 적용하고 스스로를 훈련해 나가시길 바랍니다.

📓 내가 만드는 긍정 선언문

하나님 안에서 믿음을 키워 가기 위해 필요한 긍정의 다짐들을 글로 적습니다. 다음의 긍정 선언문을 매일 아침, 저녁에 큰 목소리로 읽습니다.

1. 나는 하나님 안에서 모든 것을 할 수 있습니다.

2. 나는 _____

3. 나는 _____

4. 나는 _____

📓 내가 만드는 행동 지침서

하나님 안에서 믿음을 키워가기 위해 구체적으로 어떠한 행동의 변화, 노력들을 행할 것인지 적어 봅시다.

1. _____

2. _____

3. _____

4. _____

1단계 Unlimited God's thinking

2단계 Positive faith

3단계 God-given vision

4단계 Remember power of word

5단계 An hour prayer

6단계 Day-by-day friendship with Holy Spirit

7단계 Eat spiritual bread

God-given vision

3단계
| 꿈의 upgrade |

나는 하나님의 비전을 키워 나간다

"삶을 변화시키는 능력은 꿈을 가진 자에게 주어지는 특권입니다.
우리 모두는 하나님이 분명한 계획과 목적을 갖고 이 땅에 보내셨습니다.
그 비전을 구하고 받아 늘 간직하십시오."

| 꿈의 upgrade |

God-given vision

나는 하나님의 비전을 키워 나간다

| 학습 목표 |

하나님의 비전을 키워나가는 구체적인 과정을 배워 봅니다.
하나님의 비전을 품은 사람이 지녀야 할 태도에 대해 알아봅니다.

Story

2004년에 민족사관학교를 2년 만에 조기 졸업하고 미국 내 10개 명문대에 동시에 합격하여 세간에 화제가 된 박원희는 당시 하버드를 최종 선택하여 입학했습니다. 그 이후에도 많은 사람들이 이 뛰어난 인재에게 끊임없는 관심을 보였습니다. 어학연수 한 번 다녀온 적 없는 그녀가 어떻게 하버드에서 적응할 수 있겠느냐는 우려의 목소리도 컸습니다. 그러나 이런 우려의 목소리를 뒤로 하고 졸업식 때는 성적 우수자에게 주는 '매그나 쿰 라우데(Magna Cum Laude) 상'을 받으며 여전히 자신의 비전을 잘 키워 나가고 있는 모습을 보여줬습니다. 5년 만에 경제학 학사와 통계학 석사 학위를 동시에 취득하는 ABAM 과정을 마쳤으며, 하버드의 우수한 졸업생들의 모임인 '파이 베타 카파(Phi Beta Kappa)' 클럽 멤버로 선정되기도 했습니다. 이 모든 것이 그녀 특유의 오기와 열정이 있었기에 가능했던 일이라고들 말합니다. 하지만 그녀에게는 또 다른 비밀이 있었습니다.

사실 그녀는 힘든 유학 생활 중에 교회에 나가게 되었고 어느 날 문득 '인간은 모두 죄인이다.'라는 성경 말씀을 진리로 받아들이게 되었습니다. 그때부터 성공하는 사람이 되기보다는 하나님께 인정받는 사람으로 살아가야겠다고 생각했습니다. 그래서 자신이 하나님께 받은 큰 사랑을 세상에 되돌려 주는 '선한 사마리아인'이 되는 것이 삶의 목표가 되었습니다.

또 하나 달라진 점은 더 이상 공부가 인생의 전부가 되지 않았다는 것입니다. 그녀는 바쁜 학업 일정 가운데서도 매주 토요일 오전에는 노숙자들에게 아침밥을 지어주는 봉사 활동을 했습니다. 또 일본 와세다대학교 연수 때에는 일본 대학생들에게 복음을 전하는 선교 활동에도 최선을 다했습니다. 이렇게 공부만이 아니라 선행과 선교에 힘쓰며 하나님의 꿈을 향해 달려가고 있습니다. 하나님께서 자신에게 주신 능력과 지식을 이웃과 사회를 위해 쓰임 받고자 하는 그녀는 진정 하나님의 꿈을 키워 나가는 '꿈꾸는 자'라고 할 수 있습니다.

 당신이 지금 품고 있는 꿈은 하나님으로부터 온 것입니까? 당신 자신에게서 나온 것입니까?

모든 사람은 꿈, 소망, 목적이 있어야 합니다. 그런데 이것이 일시적이고 제한적인 것이라면 그 꿈이 이루어진 순간 삶의 방향을 잃고 방황하게 됩니다. 그러므로 우리는 영원한 소망되시는 하나님의 꿈을 품어야 합니다. 인간이 품은 꿈은 결코 영원한 소망이 되지 못합니다. 하나님의 비전을 우리 삶 안에서 키워갈 때 삶이 풍성해지고 행복해집니다.

현재 대한민국은 누가 보아도 참으로 살기 좋은 나라가 되었습니다. 정치, 경제, 사회적으로 많은 발달을 이뤄 온 것이 사실입니다. 그런데 이와는 반대로 국민들의 행복 지수는 점점 낮아지고 자살률은 점점 높아져만 갑니다. 자살률이 높다는 것, 행복하지 않다는 것은 삶의 목표를 잃어버렸다는 이야기입니다. 지금 이 시대에 필요한 것은 물질적 풍요와 사회적 명예가 아닌 삶의 진정한 목표, 비전입니다.

1. 하나님의 크고 비밀한 일을 소망하라

우리의 꿈이 한국을 무대로 성공하는 것이라면 하나님의 꿈은 세계를 무대로 합니다. 하나님은 우리 눈에는 보이지 않는 하나님 나라의 영광까지 드러내는 크고 위대하신 계획을 갖고 계십니다. 지금 당장 눈에는 보이지 않더라도 우리를 향한 하나님의 계획하심을 바라볼 수 있어야 합니다. 아브라함은 이스마엘이 하나님이 계획하신 아들인 줄 알고 만족했지만, 하나님이 계획하신 것은 이삭이었습니다. 사라가 아들을 낳는 것은 현실적으로 불가능한 일 같아 보였지만 하나님은 그 일을 계획하셨습니다. 우리에게는 이스마엘이 아닌 이삭을 기대할 줄 아는 소망함이 있어야 합니다.

2. 마음에 꿈꾸는 것을 구체적으로 그려라

하나님의 비전을 받았다면 그것을 우리 안에서 키워 나갈 수 있어야 합니다. 먼저는 모든 인지 영역에서 꿈을 진짜 내 것으로 인식하고 받아들이는 것이 중요합니다. 이를 위해서는 구체적으로 꿈꾸는 것을 그릴 수 있어야 합니다. 종이에 구체적인 목표를 적고 그것을 매일 바라보며 입술로 선포해야 합니다. 나의 눈과 귀와 입술이 꿈과 친숙해져야 합니다. 또 성취된 모습을 마음에 그리며 항상 꿈꿔야 합니다. 이를 통해 꿈을 향한 열정을 유지할 수 있고 모든 감각이 꿈에 집중함으로써 하나님의 세밀한 인도하심을 잘 따라갈 수 있게 됩니다.

3. 꿈의 성취 과정에서 작은 일부터 실천하라

하나님의 세밀한 음성을 듣고 자신에게 주어진 무슨 일이든지 최선을 다하는 태도는 매우 중요합니다. 꿈을 이루기 위해서는 사전 준비가 필수적입니다. 준비되지 못한 사람에게 꿈은 그저 꿈일 뿐입니다. 그런데 이 준비를 하기 위해 반드시 뭔가 대단한 일을 해야만 한다고 생각하는 사람들이 있습니다. 또 지금 하고 있는 일들을 하찮게 여기며 소홀히 대하기도 합니다. 하지만 주님은 "무슨 일을 하든지 마음을 다하여 주께 하듯하고(골로새서 3:23)."라는 말씀을 통해 우리가 서 있는 곳이 어디든 간에 최선을 다해야 함을 말씀해주십니다. 하나님은 작은 일에 충성된 자에게 큰일도 맡기신다는 것을 기억해야 합니다.

4. 항상 '희망의 꿈'을 간직하고 확산시켜라

하나님의 꿈을 키워 나가는 과정에는 수많은 장애물들이 존재합니다. 꿈을 포기하게 만드는 온갖 요소들이 좌절하고 낙망하게 합니다. 하지만 현실이 아무리 어려워도 마음속에 꿈이 있으면 그 꿈이 3차원의 환경을 점령하고 변화시킵니다. 이것이 우리가 항상 꿈을 간직해야 하는 이유입니다. 꿈이 없으면 환경도 변하지 않습니다. 삶을 변화시키는 능력은 꿈을 가진 자에게 주어지는 특권입니다. 우리 모두는 하나님이 분명한 계획과 목적을 갖고 이 땅에 보내셨습니다. 그 비전을 구하고 받아 늘 간직하십시오. 그 꿈이 당신을 영원한 소망의 항구로 인도해 줄 것입니다.

하나님은 지금도 우리에게 "네 입을 넓게 열라(시편 81:10)."라고 말씀하시며 우리를 향한 크고 원대하신 꿈을 이루기 위해 준비하고 계십니다. 그런데 우리가 꿈꾸지 못하거나 꿈을 꾸더라도 하나님의 스케일에 어울리지 않는 우리 자신의 수준에 맞는 꿈만을 꿉니다.

이제 하나님이 주시는 온 세계와 민족을 향한 꿈을 품어야 합니다.

이를 통해 하나님의 영광이 드러날 수 있도록 하는 것이 우리 모두의 사명입니다.

하나님의 꿈을 품었다면 조급해하지 마십시오. 그렇다고 느긋하게 기다려서도 안 됩니다. 하나님의 꿈을 키워 가는 사람은 자신이 속한 자리에서 최선을 다하며 하나님의 인도하심을 기다리는 자입니다.

체크 퀴즈

Q 다음 중 어떠한 것이 하나님의 꿈이라고 할 수 있습니까?

① 무조건 세계를 무대로 품은 꿈
② 현재 하고 있는 모든 것을 버리고 내 인생 전부를 바칠 수 있는 꿈
③ 말씀과 기도, 환경을 통해 하나님의 인도하심이 분명한 꿈
④ 가장 힘들고 어려운 환경 가운데로 인도하는 꿈

ⓒ : 답정

 성경 인물 예화

묵묵히 하나님의 꿈을 키워 나간 다윗

> "사무엘이 기름 뿔병을 가져다가 그의 형제 중에서 그에게 부었더니 이 날 이후로 다윗이 여호와의 영에게 크게 감동되니라 사무엘이 떠나서 라마로 가니라(사무엘상 16:13)."

다윗은 사무엘로부터 하나님의 꿈을 받았습니다. 그 나라의 위대한 선지자인 사무엘이 누추한 자신을 찾아와 기름을 부었을 때 그의 마음에는 하나님의 꿈이 심겨졌습니다.

하지만 처음에는 일이 술술 풀리는 듯했던 다윗의 인생이 사울의 질투를 받게 되면서부터 꿈과는 점점 거리가 멀어졌습니다. 왕은커녕 목숨까지 위태로운 상황에 이르렀기 때문입니다.

아마 다윗은 '이게 어찌된 일인가?'라고 생각할 수도 있었을 것입니다. 하지만 그는 충실하게 꿈을 지켜 나갔습니다. 수금을 불어야 할 때는 최선을 다해 수금을 불었으며, 전투에서는 오로지 주님의 영광을 위해서 싸웠습니다. 또 사울의 끈질긴 음모와 살해 위협에도 불구하고 사울에게 반역하지 않고 잠잠히 하나님의 때를 기다렸습니다.

이것이야말로 하나님의 비전을 받은 사람의 모습입니다. 하나님은 우리에게 신데렐라와 같이 하루아침에 왕비가 되는 꿈을 주지 않으셨습니다. 하나님은 다윗과 같이 꿈을 키워 나가는 사람에게 그 꿈을 이뤄 주십니다. ★★

적용 연습

⏰ 꿈을 적을 때 당신의 꿈은 현실이 되기 시작합니다. 당신이 하나님에게 받은 비전을 구체적으로 적어 보십시오.

💼 하나님으로부터 비전을 받은 후 모든 상황이 비전과 반대로만 흘러간다면 당신은 어떻게 대처하겠습니까?

🔭 하나님의 비전을 키워 나가는 과정에서 가장 중요한 것은 무엇이라고 생각합니까?

3단계 | 꿈의 upgrade : 나는 하나님의 비전을 키워 나간다

말씀 암송

말씀 암송을 통해 우리 안에 말씀이 살아 숨 쉴 때 성령님이 우리 삶에 역사하십니다. 반드시 말씀 암송을 마친 후에 다음 장으로 넘어가시기 바랍니다.

1. _____ 악인의 소망은 끊어지느니라 (잠언 10:28)

2. 우리가 소망으로 구원을 얻었으매 보이는 소망이 소망이 아니니 보는 것을 누가 바라리요 _____
_____ (로마서 8:24, 25)

3. _____ 네 청춘을 독수리 같이 새롭게 하시는도다 (시편 103:5)

4. 너희 안에서 행하시는 이는 하나님이시니 _____
_____
_____ (빌립보서 2:13)

4차원의 영성을 삶에 적용하기 위한 자기 훈련의 시간입니다. 자기 스스로에게 하는 '긍정 선언문'을 통해 주님의 축복을 자신의 것으로 누릴 수 있습니다. 또 삶의 직접적인 변화를 가져오는 구체적인 '행동 지침서'를 적어 삶에 적용하고 스스로를 훈련해 나가시길 바랍니다.

📝 내가 만드는 긍정 선언문

하나님의 꿈을 이뤄 가기 위해 필요한 긍정의 다짐들을 글로 적습니다. 다음의 긍정 선언문을 매일 아침, 저녁에 큰 목소리로 읽습니다.

1. 나는 하나님의 꿈을 품은 사람입니다.

2. 나는 _____

3. 나는 _____

4. 나는 _____

📝 내가 만드는 행동 지침서

하나님의 꿈을 이뤄 가기 위해 구체적으로 어떠한 행동의 변화, 노력들을 행할 것인지 적어 봅시다.

1. _____

2. _____

3. _____

4. _____

3단계 | 꿈의 upgrade : 나는 **하나님의 비전**을 키워 나간다

1단계 Unlimited God's thinking

2단계 Positive faith

3단계 God-given vision

4단계 Remember power of word

5단계 An hour prayer

6단계 Day-by-day friendship with Holy Spirit

7단계 Eat spiritual bread

Remember power of word

4단계
| 말의 upgrade |

나는 말의 창조력을 지니고 있다

" 예수님의 말씀을 우리의 입으로 고백하기 시작한다면 우리의 입술 가운데
예수님의 기쁨과 평안이 넘쳐나게 됩니다.
천국의 언어가 우리의 입술 가운데 머물기 때문입니다. "

| 말의 upgrade |

Remember power of word

나는 말의 창조력을 지니고 있다

| 학습 목표 |

긍정적인 말이 환경을 바꾸는 힘을 가졌다는 사실에 대해 배워 봅니다.
입술의 권세를 어떻게 사용해야 하는지에 대해 알아봅니다.

Story 영동세브란스병원의 암 센터 소장인 이희대 박사는 암 환자들 사이에서 '희망'이라고 불립니다. 왜냐하면 그 역시 10번의 암 재발을 극복해 낸 암 환자이기 때문입니다. 그는 2003년 초 대장암이 발견된 이후 6개월 만에 암 세포가 간과 뼈에 전이되면서 소위 말하는 '말기'인 4기 암 환자 판정을 받았습니다. 하지만 당시에 그의 얼굴에는 여느 암 환자들에게서 볼 수 없는 평안함이 있었습니다. 물론 그 역시 처음에는 암 전문의가 암에 걸렸다는 사실에 무척 낙심했으며 한편으로는 자존심도 상했습니다. 그런데 조용기 목사님의 설교를 통해 "예수님이 돌아가심으로 말미암아 우리는 나음을 입었기 때문에 우리 몸의 병은 불법이다."라는 이야기를 듣고 치유에 대한 희망을 품었습니다. 그는 의학적 상식으로 결코 손에 잡히는 증거나 눈에 보이는 치유에 대한 확증이 없었지만 희망을 선포하기 시작했습니다. 자신의 상태에 대해 누구보다 정확하게 진단 내릴 수 있었지만, 그와 반대로 치유에 대한 이야기를 하기 시작했습니다. 또 몸에 고통이 찾아올 때면 찬송가 413장 '내 평생에 가는 길'을 부르며 기도했고 그때마다 평안이 임했습니다. 그는 입술로 고백되는 찬송을 통해 고통이 줄어드는 것을 느끼며 찬송을 '약'이라고 표현했습니다.

그래서 그 역시 암 환자들을 대할 때 절망적인 말보다는 하나님 안에서 치유될 수 있다는 확신을 심어 주는 믿음의 말을 선포합니다. 자신이 그러했던 것처럼 암 환자들에게 가장 필요한 것은 나을 수 있다는 희망을 갖는 것이기 때문입니다. 또 암 환자들을 진료할 때면 '사람이 어디에서 와서, 왜 살며, 어디로 가는지를 아는가?'에 대한 질문을 하고 암으로 인해 절망하기보다는 하나님 안에서 평안과 희망을 가지라고 말합니다. 나아가 현재는 그들을 위해 Healing Touch 예배를 진행하고 있습니다. 그 누구보다 질병의 상태에 대해 정확히 판단할 줄 아는 의사이지만 눈에 보이는 현상을 넘어서는 믿음을 선포할 줄 아는 그는 진정으로 말의 권세를 사용할 줄 아는 사람입니다.

당신이 누군가의 말을 통해 희망을 전달받았던 적이 있다면 무엇이었는지 적어 봅시다.

말은 하나님이 일하시는 중요한 수단이었습니다. 하나님은 말씀을 통해 이 땅을 창조하셨고, 예수님은 말씀을 통해 병자를 치유하고 귀신 들린 자를 자유케 하셨습니다. 즉 하나님의 말에는 창조력이 담겨져 있습니다.

그런데 예수님이 승천하신 후 베드로에게도 그와 같은 능력이 생겨났습니다. 베드로가 "주 예수 그리스도의 이름으로 명하노니."라고 말할 때 베드로에게도 예수님과 같은 치유의 능력이 나타났습니다. 하나님의 자녀 된 우리 역시 그러한 입술의 권세를 부여받았습니다. 우리 입술을 통해 선포되는 말들은 우리 삶과 환경뿐 아니라 타인의 삶에까지 영향을 미치는 어마어마한 능력을 갖고 있습니다. 그러므로 우리는 말의 중요성을 깨닫고 사람을 살리는 말, 환경을 재창조하는 말, 희망과 기쁨을 창조하는 말을 할 수 있어야 합니다.

1. 희망의 말씀을 입술 밖으로 선포하라

예수님을 믿고 난 후에도 고난이 있을 수 있습니다. 그러나 그때가 바로 사단이 우리에게 달려와서 부정적인 소리로 하나님의 말씀을 거짓되게 꾸미는 때입니다. 우리는 그 소리에 절대 귀를 기울이지 말아야 합니다. 부정적인 소리는 마귀로부터 오는 것이어서 하나님의 말씀을 의심하게 만들기 때문입니다. 우리는 희망의 말을 입술 밖으로 선포해야 합니다. 기적의 역사는 나의 입술로 믿음을 선포할 때 일어나는 것입니다. 절대로 부정적인 말을 입 밖으로 내뱉어서는 안 됩니다.

그것은 믿음 없는 반응인 것입니다. 그러나 희망의 말은 기적을 낳습니다. '나는 할 수 있다, 하나님이 도우시면 일어설 수 있다.'라는 희망의 말로 당신의 입술을 가득 채우십시오. 그렇게 할 때에 우리의 선포 가운데 하나님의 놀랍고 비밀스러운 일들이 나타나게 될 것입니다.

2. 말로써 믿음을 풀어 놓으라

신앙의 축복은 영의 눈으로 볼 수 있게 되는 것입니다. 육의 눈으로 보면 자신의 연약함이나 환경 때문에 절망하게 되는 경우가 너무도 많습니다. 그러나 영의 눈으로 보기 시작한다면 우리의 삶이 달라집니다. 영의 눈으로 우리가 처한 환경을 바라보고 믿음을 선포하기 시작한다면 우리는 담대한 신앙인이 될 수 있습니다. 때문에 영의 눈으로 환경을 보고 입술로 믿음을 풀어 놓는 훈련이 중요합니다. 그것은 어려운 상황 가운데서도 하나님의 은혜와 기적을 경험하는 비법입니다. 믿음을 선포하는 일은 이처럼 놀라운 힘을 가지고 있습니다. 그러므로 우리는 어떠한 상황 가운데서도 말로써 믿음을 풀어 놓아 영적인 승리를 이뤄 내는 담대한 신앙인이 돼야 할 것입니다.

3. 창조적이고 성공적인 말을 하라

에스겔 37장 5절에서 7절을 보면 하나님의 명령에 따라 말씀을 선포할 때 마른 뼈들이 들어맞고, 힘줄이 생기고, 살이 덮이고, 가죽이

덮여 사람의 형상으로 회복되었습니다. 이처럼 하나님의 말씀 속에는 생명이 있고 축복이 있으며 승리가 있습니다. 때문에 하나님의 말씀대로 입술을 사용하기 시작한다면 우리의 인생 역시 살아나고 변화되어 환경을 이길 만한 능력을 얻게 됩니다. 그러므로 늘 하나님의 말씀을 따라 창조적이고 성공적인 말을 하도록 노력해야 합니다. 언제나 입술에 하나님의 말씀을 가까이함으로써 말씀 가운데서 우리의 인생을 창조하시고 성공적으로 인도하시는 그분을 만나야 합니다.

4. 천국 언어로 통역해서 말하라

예수님은 불안과 공포에 떨고 있는 제자들에게 나타나셔서 "너희에게 평강이 있을지어다."라고 말씀하셨습니다. 예수님의 말씀은 우리의 모든 문제를 해결하실 수 있습니다. 사단의 어두운 그림자를 걷고 밝은 빛을 비춰주실 수 있습니다. 예수님의 말씀을 우리의 입으로 고백하기 시작한다면 우리의 마음 가운데 예수님의 기쁨과 평안이 넘쳐나게 됩니다. 천국의 언어가 우리의 입술 가운데 머물기 때문입니다.

그러므로 우리는 같은 상황이라도 천국의 언어로 통역해서 말해야 합니다. 우리의 말을 통해 세상과 다른 사람들에게 참된 기쁨과 평안을 흘려보내야 합니다. 천국의 언어로 예수님의 기쁨과 평안 그리고 만족을 함께 나누고자 힘쓸 때에 비로소 하나님의 자녀 된 삶을 살아가게 될 것입니다.

▌이 세상에서 들려오는 많은 소리가 있습니다. 그 가운데에서도 악한 세상이 가져다주는 소리는 염려, 근심, 걱정을 낳아 우리를 힘겹게 하고 고통스럽게 만듭니다. 그러나 하나님의 말씀은 생명과 사랑이 있으며 은혜가 있습니다. 그러므로 우리의 입술이 하나님의 말씀을 담아 선포하기 시작한다면 우리는 은혜와 사랑과 평안을 전하는 말을 하게 될 것입니다. 또한 그것은 우리뿐만 아니라 다른 사람과 세상을 변화시키는 놀라운 기적을 일으키게 될 것입니다. 때문에 우리를 위해서 그리고 다른 사람과 세상을 위해서 믿음으로 선포하는 것을 훈련해야 합니다. 우리의 작은 고백 가운데 하나님의 축복이 있고 역사하심이 있어 죽은 것을 살리고 변화시키게 될 것입니다.

체크 퀴즈

Q 다음 중 우리가 사용해야 할 말은 무엇입니까?

① '할 수 있다.' 라는 긍정적이고 희망적인 말
② 상황과 환경을 바라보는 말
③ 다른 사람의 연약함을 지적하는 말
④ 불평과 불만의 말

정답 : ①

 성경 인물 예화

믿음을 입술로 고백한 수로보니게 여인

> "여자가 대답하여 이르되 주여 옳소이다마는 상 아래 개들도 아이들이 먹던 부스러기를 먹나이다(마태복음 7:28)."

우리 안에 있는 믿음을 입술로 고백하기 시작할 때 기적은 일어납니다. 수로보니게 여인이 그러했습니다. 여인은 예수님께서 귀신 들린 자신의 딸을 치유해 주시기를 간절히 호소했습니다. 그러나 주님은 "자녀에게 줄 떡을 개에게 주는 법은 없다. 이방인인 너는 개와 같다."라고 말씀하셨습니다. 예수님의 치유를 간절히 원했던 수로보니게 여인에게는 너무나 수치스럽고 자존심이 상했을 것입니다. 그러나 여인은 물러서지 않고 자신의 믿음을 온전히 고백합니다. "옳습니다. 주님, 저는 개가 맞습니다. 그러나 개들도 자녀들이 먹는 밥상에서 떨어지는 부스러기는 받아먹습니다."

예수님은 바로 이 고백을 듣고자 하신 것입니다. 그리고 이 고백을 통해 예수님의 치유가 그녀의 딸에게 전해졌습니다. 예수님은 믿음의 고백을 기뻐하셨습니다. "오호! 여자여, 네 믿음이 크도다. 네 딸에게서 귀신이 나갔느니라."라며 즉시 그 딸을 고쳐주셨습니다.

믿음을 고백할 때 우리 삶 가운데 놀라운 역사가 일어납니다. 믿음으로 행할 일들에 대해 선포할 때 그 일들이 주님의 능력으로 현실이 되는 기적을 체험할 수 있습니다. ★★

적용 연습

⏰ 당신이 습관적으로 사용하는 말은 무엇인지 적어 봅시다.

💼 현재 당신이 처한 환경과 상황들을 긍정의 말로 표현하여 적고 읽어 봅시다.

📜 당신의 생각과 믿음, 꿈을 구체적으로 적고 소리 내어 읽어 보도록 합니다.

—  말씀 암송

말씀 암송을 통해 우리 안에 말씀이 살아 숨 쉴 때 성령님이 우리 삶에 역사하십니다. 반드시 말씀 암송을 마친 후에 다음 장으로 넘어가시기 바랍니다.

1. 의인의 입은 지혜를 내어도 패역한 혀는 베임을 당할 것이니라

_____

_____ (잠언 10:31, 32)

2. 사람이 마음으로 믿어 의에 이르고 _____

_____ (로마서 10:10)

3. 선한 사람은 마음에 쌓은 선에서 선을 내고 악한 자는 그 쌓은

악에서 악을 내나니 _____

_____ (누가복음 6:45)

4. 무릇 더러운 말은 너희 입 밖에도 내지 말고 _____

_____

_____ (에베소서 4:29)

4차원의 영성을 삶에 적용하기 위한 자기 훈련의 시간입니다. 자기 스스로에게 하는 '긍정 선언문'을 통해 주님의 축복을 자신의 것으로 누릴 수 있습니다. 또 삶의 직접적인 변화를 가져오는 구체적인 '행동 지침서'를 적어 삶에 적용하고 스스로를 훈련해 나가시길 바랍니다.

내가 만드는 긍정 선언문

말의 권세를 사용하기 위해 필요한 긍정의 다짐들을 글로 적습니다. 다음의 긍정 선언문을 매일 아침, 저녁에 큰 목소리로 읽습니다.

1. 나는 긍정적이고, 창조적인 말을 사용하는 사람입니다.

2. 나는 _____

3. 나는 _____

4. 나는 _____

내가 만드는 행동 지침서

말의 중요성을 알았다면 이제 긍정적인 말을 사용하기 위해 구체적으로 어떠한 행동의 변화, 노력들을 행할 것인지 적어 봅시다.

1. _____

2. _____

3. _____

4. _____

4단계 | 말의 upgrade : 나는 **말의 창조력**을 지니고 있다

1단계　Unlimited God's thinking

2단계　Positive faith

3단계　God-given vision

4단계　Remember power of word

5단계　An hour prayer

6단계　Day-by-day friendship with Holy Spirit

7단계　Eat spiritual bread

An hour prayer

5단계
| 기도 안에서의 upgrade |

나는 기도로 영적 권세를 지닌다

> "우리는 예수님께서 기도의 일생을 사셨다는 사실을 기억해야 합니다.
> 그리고 예수님을 닮아가기 위해 노력해야 합니다.
> 기도는 하나님과의 대화입니다."

| 기도 안에서의 **upgrade** |

An hour prayer

나는 기도로 영적 권세를 지닌다

| 학습 목표 |

기도의 중요성에 대해 알아봅니다.
기도를 통해 영적 권세를 부여받는 방법을 배워 봅니다.

Story 종로에서 '성실약국'을 운영하던 나애숙 권사, 박효석 장로 부부는 화학 공장을 함께 운영하면서 엄청난 돈을 벌어들였습니다. 그러나 1972년 공장의 화재와 부도로 인해 빚더미에 앉게 되었습니다. 결국 부부는 봉천동에 '한독약국'이라는 작은 약국을 열고 조제실에서 살림을 꾸리며 재기를 꿈꾸었습니다. 그러다 자녀들의 전도로 1982년 온 가족이 여의도순복음교회에 출석했습니다.

당시에는 연탄으로 인해 화상을 입었어도 치료비가 없는 사람들이 약국을 찾아왔습니다. 이런 화상 환자들을 자주 대하던 박 장로는 치료 연고제인 '샤론크림'을 제조하게 되었습니다. 그런데 그 효과가 매우 좋아 전국의 피부병 환자들이 이 작은 약국으로 모두 몰려들 정도였습니다.

그러다 부부는 조용기 목사님으로부터 화장품을 만들어 보는 것이 어떻겠냐는 조언을 듣게 되었습니다. 이것이 계기가 되어 '한독화장품'이라는 회사를 시작하게 되었습니다. 그러나 특별한 마케팅 전략 없이 제품 연구와 생산에만 신경 쓰느라 정작 판매망을 갖추지 못한 것이 재정적 어려움을 가져오게 했습니다. 제품이 아무리 좋더라도 홍보가 잘 되지 않아 판매량이 적었기 때문입니다.

부부는 다른 것에 의지하지 않고 오로지 기도로 하나님께 부르짖었습니다. 그러자 기도 중에 하나님이 아이디어를 주셨습니다. 그들은 주부 사원 제도를 도입하여 샘플로 제품을 홍보하기 시작했고, 제품 판매와 함께 피부 마사지, 피부 상태 점검, 메이크업 강좌 등을 무료로 해주는 마케팅 전략을 펼쳤습니다. 그러자 순식간에 입소문이 나기 시작하더니 회사가 번창하게 되었습니다.

뿐만 아니라 회사 운영에 있어 중요한 순간마다 나애숙 권사는 새벽 3시에 한독타워 3층 글로리아 홀에서 작정 기도를 했습니다. 기도를 하지 않는 것은 기업을 포기하는 일이라고 말할 정도로 나애숙 권사는 기도의 능력을 체험했고 지금도 매일 새벽을 기도로 깨우며 기도로 자신의 삶뿐 아니라 기업을 이끌어 가고 있습니다.

 당신은 하루 중 언제 얼마나 기도합니까?

기도는 하나님이 크리스천에게 주신 가장 큰 선물 중 하나입니다. 수많은 문제와 어려움이 가득한 이 세상을 살아갈 때 기도를 통하여 모든 것을 이겨낼 수 있게 하셨습니다. 때문에 기도하는 사람은 승리의 삶을 살아갈 수 있습니다. 예수님도 이 땅에 계실 때 항상 기도에 힘쓰셨습니다. 공생애를 시작하실 때 40일 동안 금식하며 기도하셨고, 새벽 기도, 철야 기도 등을 통해 기도의 본을 보이셨습니다.

우리는 예수님께서 기도의 일생을 사셨다는 사실을 기억해야 합니다. 그리고 예수님을 닮아 가기 위해 노력해야 합니다. 기도는 하나님과의 대화입니다. 예수님을 바라보는 능력이고 십자가를 붙드는 힘입니다. 기도가 끊이지 않는 크리스천의 삶에는 성령 하나님이 늘 동행하시고 삶에 형통함이 가득하게 됩니다.

1. 기도로 무장한 삶을 살라

출애굽기 17장 10~12절 말씀에서는 기도의 중요성을 이야기하고 있습니다. 이스라엘과 아말렉의 전쟁에서 모세가 손을 들고 기도함으로써 이스라엘은 승리할 수 있었습니다. 이처럼 기도는 하나님으로부터 능력을 공급받는 통로입니다. 우리 삶에서도 마찬가지입니다. 십자가를 붙들면 이기고, 십자가를 놓으면 지게 되는 것입니다. 대대로 이스라엘 백성을 괴롭혔던 아말렉은 이스라엘이 피곤하고 지쳐 있을 때 쳐들어 왔습니다. 이스라엘이 영적으로 무장되어 강할 때에는 가만히 있다가 약해지면 갑자기 쳐들어와 크게 피해를 입히는 족속이었습니다. 우리 크리스천에게도 한평생 다가오는 아말렉이 있습니다. 우리가 약해져 있을 때 쳐들어와서 넘어뜨리려고 합니다. 그러므로 자신의 삶에서 가장 큰 아말렉이 무엇인지 깨닫고 항상 기도로 무장되어 있어야 합니다.

2. 끈질기게 기도하라

매일매일 삶에서 기도해야 하고 기도를 통해 영적으로 무장되어야 한다는 것을 알면서도 사실 잘되지 않습니다. 기도하다가도 어느 순간이 지나면 처음처럼 간절해지지 않습니다. 어느 정도 기도하면 이제 그만해도 될 것 같다는 마음도 듭니다. 하지만 기도할 때 분명한 것은 성령님이 주신 확실한 목표를 가지고 있어야 한다는 것입니다. 목표를 붙들고 이룰 때까지 끈질기게 기도해야 합니다. 한나의 기도가 그러했습니다. 자녀를 갖지 못해 설움을 당할 때 자식을 주시기를 하나님 앞에서 오래도록 기도했습니다. 그래서 하나님이 그 기도를 들어 주시고 사무엘을 한나에게 주신 것입니다. 기도의 분명한 목표를 정하고 끈질기게 기도했을 때 하나님의 기적을 경험하게 될 것입니다.

3. 방언으로 기도하라

성령충만함을 입어 기도하는 사람이라면 방언하기를 힘써야 합니다. 우리 안에 성령이 임하시면 방언으로 기도하고 기쁨이 충만하게 되어 하나님을 높이게 됩니다. 로마서 8장 26절 을 보면 "이와 같이 성령도 우리의 연약함을 도우시나니 우리는 마땅히 기도할 바를 알지 못하나 오직 성령이 말할 수 없는 탄식으로 우리를 위하여 친히 간구하시느니라."라는 말씀이 있습니다. 우리가 방언으로 말할 때 무슨 내용을 말하는지 그 뜻을 이해하지 못할 때도 있지만 방언을 통해 영으로 하나님과 깊은 교제를 하게 됩니다. 방언 기도는 성령님이 도우시는 기도입니다. 방언으로 기도할 때 우리는 성령님께서 우리 마음 안에서 행동하고 움직이십니다. 그러므로 방언 기도를 하면 말할 수 없는 큰 힘을 얻을 수 있게 됩니다.

4. 부르짖어 기도하라

기도는 하나님의 보좌를 움직이는 힘입니다. 하나님께 응답받는 기도를 하고 싶다면 그저 묵상으로 기도하고 소곤소곤하게 기도할 것이 아니라 간곡히 부르짖어 기도해야 합니다. 내 안에 절실히 바라는 것이 있다면 결국 부르짖으며 기도하기 마련입니다. 간절한 기도는 하늘을 감동시키고 마귀의 궤계를 물리칩니다. 그 어떠한 것보다 훨씬 더 크고 위대하신 하나님께 나아와 엎드려 간절히 부르짖을 때 하나님께서 기뻐하십니다. 주께 부르짖어 기도할 때 주님께서 우리에게 자비와 긍휼을 베풀어 주실 것입니다.

▎**기도는** 우리가 이 땅을 살아가는 데 영적인 무기가 됩니다. 그런데 기도는 훈련하면 훈련할수록 더욱 강력한 무기가 됩니다. 때문에 크리스천은 기도하는 방법을 배워야 하고, 스스로 기도 훈련을 해야 하며, 기도를 위해 시간을 헌신해야 합니다. 조용기 목사님이 말씀하셨듯이 성도라면 1시간 이상 기도하기를 훈련하고 실천해야 합니다. 1시간 이상 기도할 때 진정으로 성령충만한 기도를 할 수 있게 됩니다. 그렇게 성령의 강물에 빠져 성령님과 깊이 교제하며 대화할 때 마음에 참 기쁨과 확신이 생길 수 있는 것입니다.

예수님이 승천하시고 제자들 역시 하늘로부터 능력이 임할 때까지 기도에 전념했습니다. 그리고 마침내 오순절 날에 이르러 그들은 성령으로 세례를 받고 하나님의 권능을 받은 자들이 되었습니다. 매일 잠깐 기도하는 것에 만족하지 말고 성령으로 충만한 기도를 드리기 위해 1시간 이상 기도하는 훈련을 쉬지 마시기 바랍니다.

체크 퀴즈

Q 다음 중 올바른 기도의 방법은 무엇입니까?
 ① 기도의 제목이 분명하지 않은 두서없는 기도
 ② 자신의 감정에 의존하여 드리는 기도
 ③ 성령 안에서 매일매일 지속적으로 하는 기도
 ④ 자신의 문제를 묵상하는 기도

ⓒ : 答정

 성경 인물 예화

기도로 무너진 것을 다시 세우는 느헤미야

> "내가 이 말을 듣고 앉아서 울고 수일 동안 슬퍼하며 하늘의 하나님 앞에 금식하며 기도하여(느헤미야 1:4)."

느헤미야는 민족이 큰 환난을 당하고 있으며 예루살렘 성은 허물어지고 성문들이 불타 없어졌다는 이야기를 전해 듣고 나라를 위해 주님께 무릎 꿇고 기도했습니다. 슬픈 마음을 가지고 금식하며 하나님께 간구했습니다.

"이제 종이 주의 종들인 이스라엘 자손을 위하여 주야로 기도하오며 우리 이스라엘 자손이 주께 범죄한 죄들을 자복하오니 주는 귀를 기울이시며 눈을 여시사 종의 기도를 들으시옵소서(느헤미야 1:6)."

그가 기도했을 때 하나님의 선한 손이 느헤미야를 도왔습니다. 그리하여 아닥사스다 왕은 느헤미야가 성벽을 건축하는데 필요한 모든 재목을 공급해주고, 군대 장관과 마병을 함께 보내어 느헤미야를 보호해 주었습니다. 느헤미야는 오로지 기도로 이 모든 일을 이룬 진정한 영적 지도자였습니다.

하나님의 능력은 다른 것으로부터 오지 않습니다. 오직 기도로 간구할 때 하나님이 모든 일을 행할 영적 권세를 부여해 주십니다. ★★

적용 연습

⏰ 능력 밖의 일을 만날 때 당신이 가장 먼저 하는 것은 무엇입니까?

💼 당신의 삶 가운데 영적 권세가 필요한 이유는 무엇입니까?

📜 작정 기도 제목을 적고 앞으로 이 기도 제목들을 두고 얼마간 기도할 것인지 시간을 작정해 적어 봅시다.

 **말씀 암송**

말씀 암송을 통해 우리 안에 말씀이 살아 숨 쉴 때 성령님이 우리 삶에 역사하십니다. 반드시 말씀 암송을 마친 후에 다음 장으로 넘어가시기 바랍니다.

1. 소망 중에 즐거워하며 환난 중에 참으며 _____ _____ (로마서 12:12)

2. _____ 기도에 감사함으로 깨어 있으라 (골로새서 4:2)

3. 그러면 어떻게 할까 _____ _____ 내가 영으로 찬송하고 또 마음으로 찬송하리라 (고린도전서 14:15)

4. _____ _____ 너희 구할 것을 감사함으로 하나님께 아뢰라 (빌립보서 4:6)

4차원의 영성을 삶에 적용하기 위한 자기 훈련의 시간입니다. 자기 스스로에게 하는 '긍정 선언문'을 통해 주님의 축복을 자신의 것으로 누릴 수 있습니다. 또 삶의 직접적인 변화를 가져오는 구체적인 '행동 지침서'를 적어 삶에 적용하고 스스로를 훈련해 나가시길 바랍니다.

내가 만드는 긍정 선언문

기도의 사람이 되기 위한 긍정의 다짐들을 글로 적습니다. 다음의 긍정 선언문을 매일 아침, 저녁에 큰 목소리로 읽습니다.

1. 나는 기도로 영적 권세를 부여받습니다.

2. 나는 _____

3. 나는 _____

4. 나는 _____

내가 만드는 행동 지침서

기도하는 삶을 위해 구체적으로 어떠한 행동의 변화, 노력들을 행할 것인지 적어 봅시다.

1. _____

2. _____

3. _____

4. _____

1단계   Unlimited God's thinking

2단계   Positive faith

3단계   God-given vision

4단계   Remember power of word

5단계   An hour prayer

6단계   Day-by-day friendship with Holy Spirit

7단계   Eat spiritual bread

Day-by-day friendship with Holy Spirit

6단계
| 성령 안에서의 upgrade |

나는 언제나 성령님과 동행한다

" 하나님의 뜻대로 살기 위해서는 성령님의 인도하심을 받아야 합니다.
그때 우리의 생각이 하나님의 생각으로 바뀌고, 할 수 있다는 믿음을 가지게 되고,
하나님의 꿈을 꾸며, 믿음을 말로 선포하게 됩니다. "

| 성령 안에서의 **upgrade** |

Day-by-day friendship with Holy Spirit

나는 언제나 성령님과 동행한다

| 학습 목표 |

성령님과 교제하는 것의 중요성에 대해 알아봅니다.
성령님과 동행하는 구체적인 방법에 대해 배워 봅니다.

Story 레바논 하나님의 성회 교단장 카밀 나와르 목사는 청소년 시절에 누나가 무슬림들의 폭탄에 의해 죽임을 당하는 아픔을 경험해야 했습니다. 아버지 역시 가족의 명예를 지켜야 한다며 반란군과 싸우는 데 앞장섰습니다. 이처럼 어린 시절부터 내전을 경험한 카밀 목사의 마음에는 희망이 없었습니다. 그 역시 시민군에 가담해 무장대원으로 살아가게 되었고 마음에는 복수와 증오 그리고 죽음에 대한 두려움으로 가득 찼습니다. 먼저 죽이지 않으면 내가 죽을 수도 있다는 두려움 때문에 항상 불안하고 공허한 마음이었습니다. 그러던 어느 날 한 남자가 예수님을 믿으면 평안해 질 것이라며 복음을 전했습니다. 그는 그 말만 믿고 교회에 따라갔습니다. 그 역시 전통 교인이었지만 그날 찾아간 교회에서 사람들이 예배드리는 모습을 보고 큰 충격을 받았습니다.

　뜨겁게 기도하고 열정적으로 찬양하는 모습에서 형식적으로만 믿던 예수님이 살아 계시다는 확신이 든 것입니다. 성령충만한 예배를 드리는 그들이 부러웠고 자신도 예수님을 만나고 싶다는 열망이 생겨났습니다. 하지만 그동안 너무 많은 죄를 지은 자신을 예수님이 만나 주시지 않을 것 같았습니다. 망설이던 그는 마음속으로 주님을 한 번만이라도 보기 원한다고 고백했습니다. 그런데 그 순간 예수님께서 하얀 세마포 옷을 입고 못 박힌 손을 벌리며 "아들아 걱정마라. 내가 기다리고 있다. 네가 오기만 하면 너를 맞아 주겠다."라고 말씀하시는 환상을 보게 되었습니다. 성령의 임재하심으로 인해 이전에는 느껴보지 못한 평안함을 체험하며 모든 것을 주님께 바치기로 서원했습니다. 이후로는 술과 담배, 마약도 끊었습니다. 하나님이 함께하시니 모든 것이 한순간에 달라졌습니다.

　성령님은 지금도 우리와 동행하길 원하시며 우리 안에 들어오시길 기다리고 계십니다. 성령님께 우리의 모든 것을 내어 드릴 때 내 힘으로는 불가능한 모든 일들이 가능해집니다. 그것이 성령충만한 예배자의 능력입니다.

 당신이 처음으로 성령님과 함께한다는 것을 느꼈을 때는 언제입니까?

▎크리스천은 성령을 따라 행하고 그 도우심을 힘입어 사는 존재입니다. 우리는 전도나 봉사나 구제 같은 하나님의 일들을 내 뜻대로 잘할 수 있다고 생각하지만 성령님의 인도하심이 없다면 아무 것도 할 수 없습니다. 우리의 뜻대로 일들을 진행한다면 수많은 시행착오를 겪게 될 것입니다. 하지만 하나님의 음성을 듣고 성령님과 동행할 때 놀라운 일들이 우리 앞에 이뤄집니다. 그래서 평소에 말씀을 묵상하고 기도하는 생활을 꾸준히 지속하는 것이 중요합니다. 그것을 통해 성령님께서 내 마음에 확신과 기쁨, 평안을 주시기 때문입니다. 또한 성령님과 동행하는 사람이 되면 어떠한 어려움에 닥쳤을 때 성령님의 인도하심을 금방 알아채고 쉽게 따를 수 있게 됩니다. 그러므로 무슨 일을 하기 전에 항상 기도와 간구로 하나님의 뜻과 인도를 구하고 성령충만함으로 성령님과 동행해야 합니다.

1. 매일의 삶에서 성령님과 교제하라

성령님은 예수님께서 승천하시면서 우리에게 주신 선물이자 축복입니다. 예수님을 구세주로 믿는 순간 성령님은 우리 마음에 임하셔서 내주하시고 천국에 갈 때까지 동행하십니다. 그러나 성령님은 인격자이시기 때문에 우리가 성령님께 믿고 맡기는 만큼 일하십니다. 그래서 우리는 성령충만을 받아 성령님께 전폭적으로 사로잡히는 은혜를 체험해야 합니다.

무엇보다 성령님이 인격을 가지신 분이라는 것을 알고 항상 교제하려는 태도가 중요합니다. 자신이 필요할 때만 혹은 중요한 일이 있을 때만 성령님을 구하고 찾고 간구하는 것이 아니라 매일의 삶에서 성령님과 더욱 친밀해지려는 노력이 필요합니다. 그때 성령님께 민감하게 반응하여 그분의 인도하심대로 살아가는 인생이 가능해집니다.

2. 작은 예수의 삶을 살라

성령충만은 '예수 충만'이라고도 할 수 있습니다. 성령충만한 사람은 그 안에 예수님이 자리 잡고 계심을 말합니다. 예수님이 우리 안에 계시면 어떠한 일이 벌어집니까? 우리가 예수님을 닮은 삶을 살게 됩니다. 예수님과 같이 온유하고 겸손하며 사랑을 실천하게 됩니다. 예수님께서는 한평생 겸손의 삶을 사셨습니다. 섬김의 본을 보이셨습니다. 성령으로 충만한 우리들이라면 예수님을 본받아 낮아져야 합니다. 은혜를 입고 충성한 사람들일수록 더욱 섬기는 자가 되어야 합니다. 우리의 삶의 모습을 통해 믿지 않는 사람들에게 예수님의 모습을 보여줄 수 있어야 합니다. 성령으로 충만하다면 예수님의 가르치심대로 이 땅에서 사랑을 실천하고 겸손하게 살아가는 크리스천이 될 수 있을 것입니다.

3. 사랑과 행복을 나누는 삶을 살라

예수님을 믿고 얻게 된 구원은 사실 값없이 거저 얻은 것입니다. 우리가 좀 더 의롭거나 착해서 구원을 받은 것이 아닙니다. 때문에 우리는 한평생 그 은혜에 감사하며 또 보답하고자 하는 마음을 가져야 합니다. 또 하나님은 우리에게 베푸신 그 사랑을 이웃과 나누기 원하십니다. 그러므로 아직 예수 그리스도를 모르는 이들에게 나아가 사랑을 전하고 복음을 전해야 합니다. 아무리 많은 사랑을 받았다 하더라도 그 사랑을 흘려보내지 않으면 사랑은 거기서 멈춰버리고 소멸돼 버립니다. 반대로 우리가 받은 사랑을 계속 흘려 보내줄 때 멈추지 않는 샘물처럼 사랑이 계속 흘러 넘치게 됩니다. 이웃에게 사랑을 나누는 믿음의 씨앗을 심기 바랍니다. 우리가 심은 것에 열매 맺게 해주실 하나님을 경험하게 될 것입니다.

4. 거룩한 습관, 4차원의 영성을 가져라

신앙생활이란 구세주이신 예수 그리스도를 믿고 의지하며 사는 삶입니다. 이를 위해서는 내 뜻대로 살던 옛 습관을 버리고 하나님의 뜻대로 살아야 합니다. 하나님의 뜻대로 살기 위해서는 성령님의 인도하심을 받아야 합니다. 그때 우리의 생각이 하나님의 생각으로 바뀌고, 할 수 있다는 믿음을 가지게 되고, 하나님의 꿈을 꾸며, 믿음을 말로 선포하게 됩니다. 이것이 4차원의 영성을 소유한 크리스천의 모습입니다. 성령의 충만함을 받아 성령의 능력을 다운로드 받으시기 바랍니다. 4차원의 영성이 삶의 거룩한 습관으로 자리 잡을 때 사단의 권세를 무찌르고 승리하는 인생을 살게 됩니다.

▎**사도행전** 16장 6절을 보면 사도 바울이 소아시아 지역에 말씀을 전하려는 것을 성령님께서 막으십니다. 복음을 전하는 것은 하나님이 기뻐하시는 일이지만 하나님이 원하시는 뜻에 따라 복음을 전하기 원하셨기 때문입니다.

우리는 항상 성령님의 인도하심에 민감해야 하며 성령님보다 앞서 가지 않도록 주의해야 합니다. 성령의 충만함을 입어 성령의 계획대로 성령의 능력으로 주의 일을 하는 우리가 되어야 합니다. 기독교는 딱딱한 교리를 암기하고 형식적인 종교 생활만 하면 되는 종교가 아닙니다. 성령님과 동행하며 살아 계신 하나님을 만나는 체험의 종교입니다. 모든 성도들이 그 은혜에 감동하여 살아가는 거룩한 하나님의 자녀가 되기를 바랍니다.

체크 퀴즈

Q. 다음 중 성령님과 동행하는 올바른 방법은 무엇입니까?
① 여유가 생기면 성경을 묵상한다.
② 매 순간 기도와 말씀으로 성령님과 교제하기를 힘쓴다.
③ 스스로를 삶의 중심으로 여긴다.
④ 게으름을 막기 위해 바쁜 일정을 계획한다.

정답 : ②

 성경 인물 예화

성령충만함으로 담대함을 힘입은 스데반

> "스데반이 성령충만하여 하늘을 우러러 주목하여 하나님의 영광과 및 예수께서 하나님 우편에 서신 것을 보고(사도행전 7:55)."

스데반은 유대인들이 드리는 성전 예배를 비판하고 예수님이 메시아임을 증거 하다가 고소를 당해 공회 앞에 서게 되었습니다. 하지만 그는 공회 앞에서도 결코 두려워하거나 자신의 믿음을 저버리지 않았습니다. 그는 예수님의 제자도 아니었고, 바울과 같은 사도도 아니었습니다. 하지만 그에게는 성령충만함의 능력이 있었습니다. 때문에 그는 공회 앞에서도 당당히 예수님을 믿으라고 전할 수 있었습니다. 율법에 매여 예수님을 죽인 유대인에게 죄를 회개하고 예수님을 믿으라고 선포했습니다. "공회 중에 앉은 사람들이 다 스데반을 주목하여 보니 그 얼굴이 천사의 얼굴과 같더라(사도행전 6:15)."라는 말씀을 통해 그의 담대함이 성령님과 동행함으로 가능했음을 알 수 있습니다.

심지어 그가 돌에 맞아 순교하는 순간에도 성령님이 동행하셨습니다. 그래서 그는 조금도 두려워하지 않고 끝까지 믿음을 지켜 나갈 수 있었습니다. 오히려 자신을 돌로 치는 유대인들에게 죄를 돌리지 말라는 기도를 드리며 순교했습니다.

성령님과 동행할 때 죽음의 순간마저도 기쁨으로 감당할 수 있게 됩니다. 성도의 능력은 성령님이 그 안에 살아 계실 때 나타납니다. ★★

적용 연습

🕐 당신은 성령충만함을 통해 담대히 복음을 전한 적이 있습니까?

💼 성령충만은 두려움을 없애주고 담대함을 길러줍니다. 성령충만함을 구하는 기도문을 적어 봅시다.

📜 삶 속에서 성령님과 교제하기 위해 실천 가능한 것들을 구체적으로 적어 봅시다.

말씀 암송

말씀 암송을 통해 우리 안에 말씀이 살아 숨 쉴 때 성령님이 우리 삶에 역사하십니다. 반드시 말씀 암송을 마친 후에 다음 장으로 넘어가시기 바랍니다.

1. 내가 아버지께 구하겠으니 _____
   _____
   _____ (요한복음 14:16)

2. 만일 우리가 성령으로 살면 _____
   _____ (갈라디아서 5:25)

3. _____
   우리가 하나님의 자녀인 것을 증언하시나니 (로마서 8:16)

4. 내가 이르노니 _____
   그리하면 육체의 욕심을 이루지 아니하리라 (갈라디아서 5:16)

4차원의 영성을 삶에 적용하기 위한 자기 훈련의 시간입니다. 자기 스스로에게 하는 '긍정 선언문'을 통해 주님의 축복을 자신의 것으로 누릴 수 있습니다. 또 삶의 직접적인 변화를 가져오는 구체적인 '행동 지침서'를 적어 삶에 적용하고 스스로를 훈련해 나가시길 바랍니다.

📝 내가 만드는 긍정 선언문

성령님과 동행하는 삶을 살기 위해 필요한 긍정의 다짐들을 글로 적습니다. 다음의 긍정 선언문을 매일 아침, 저녁에 큰 목소리로 읽습니다.

1. 나는 성령님과 동행하기를 힘쓰는 사람입니다.

2. 나는 _____

3. 나는 _____

4. 나는 _____

📝 내가 만드는 행동 지침서

성령님과 동행하는 삶을 살기 위해 구체적으로 어떠한 행동의 변화, 노력들을 행할 것인지 적어 봅시다.

1. _____

2. _____

3. _____

4. _____

1단계 Unlimited God's thinking

2단계 Positive faith

3단계 God-given vision

4단계 Remember power of word

5단계 An hour prayer

6단계 Day-by-day friendship with Holy Spirit

 7단계 Eat spiritual bread

Eat spiritual bread

7단계
| 말씀 안에서의 upgrade |

나는 말씀에 순종함으로 형통케 된다

"말씀에 순종할 때 나의 믿음을 보여드릴 수 있습니다.
우리가 무엇을 근거로 행동하는 가는
우리가 무엇을 믿고 있는지를 잘 보여주기 때문입니다."

| 말씀 안에서의 upgrade |

Eat spiritual bread

나는 말씀에 순종함으로 형통케 된다

| 학습 목표 |

하나님의 말씀이 가진 능력에 대해 알아봅니다.
말씀에 순종하는 것이 왜 중요한지에 대해 배워 봅니다.

Story 아프리카 케냐에서 사역하고 있는 임은미 선교사는 해외 유학생들의 부흥 집회인 코스타(KOSTA)의 인기 강사로 국내에서 보다 해외에서 잘 알려져 있습니다. 또 국내에서는 『하나님이 찾으시는 한 사람 그대입니까』라는 책을 내고, 여러 부흥 집회와 CTS 방송에 초청되며 점차 그 영향력을 넓혀 가고 있습니다.

그런데 항상 그녀의 설교와 강의 때마다 빠지지 않는 이야기가 있습니다. 바로 매일 아침 성경 묵상을 통해 만나는 하나님 이야기입니다. 임 선교사는 고등학교 시절부터 하루도 빠짐없이, 매일 아침 성경책을 읽고 묵상한 것을 글로 적는 것으로 잘 알려져 있습니다. 왜냐하면 지금은 이 묵상을 자기 혼자만 간직하는 것이 아니라 코스타 블로그 및 메일을 통해 여러 사람들에게 전하고 있기 때문입니다. 그녀가 이렇게 묵상을 전파하는 '묵상 전도사'가 된 데에는 묵상을 통해 하나님이 자신의 길을 철저하게 인도하시며 축복하신다는 것을 경험했기 때문입니다.

　그래서 그녀는 크리스천에게 있어 묵상은 하나님과의 친밀감을 길러 주는 것은 물론, 하나님에 대한 철저한 순종과 그에 따른 인도하심을 경험하는 가장 좋은 길임을 전파하기 위해 노력합니다. 때문에 자신이 가는 곳에서 만나는 청소년, 청년 등 신앙의 훈련이 필요한 모든 이들에게 묵상을 하루도 거르지 않고 매일하여 거룩한 신앙 습관으로 자리 잡아갈 것을 강조합니다.

　지금도 그녀는 케냐에서 한국, 호주, 뉴질랜드 등을 오고가는 많은 스케줄이 있지만 비행기 안에서도 묵상하기를 쉬지 않습니다. 두세 시간의 수면을 취하면서도 새벽 4시 묵상 시간은 결코 어기는 일이 없습니다. 이처럼 말씀 묵상을 사모하고 그 말씀에 순종하는 그녀를 하나님은 열방의 선교사로 지경을 넓혀 주셨습니다. 현재는 아프리카에서의 사역뿐 아니라 코스타 강사, CTS 강사, 책의 저자로서 활발히 활동하고 있습니다. 하나님의 말씀에 순종하는 것이 제일 쉽다고 말하는 그녀는 말씀 묵상과 그에 순종하는 삶의 본을 보여주고 있습니다.

 당신의 성경 묵상 습관에 대해 적어 봅시다.

▌예수님은 이 세상에 오셔서 많은 시간을 가르치는 일에 힘쓰셨습니다. 예수 그리스도의 가르침에 많은 사람들이 깨닫고 변화되는 일이 나타났습니다. 왜냐하면 예수님의 말씀에는 권세가 있어 일반 선생들의 말씀과 달리 사람의 내면을 변화시키는 힘이 있었기 때문입니다. 예수님은 권세 있는 말씀으로 우리에게 하나님 나라의 백성이 이 땅에서 어떻게 살아야 할지, 무엇을 위해 살아야 하는지에 대해 가르치셨습니다.

예수님은 우리를 세상의 빛과 소금이라고 말씀하셨습니다. 주님의 말씀대로 크리스천들은 어두운 세상을 밝히는 빛이 되어야 하며, 썩어지는 것을 막고 음식에 맛을 내는 소금처럼 기쁨을 전해 주는 사람들이 되어야 합니다. 우리가 예수님의 말씀을 깊이 묵상하고 순종할 때 이처럼 빛과 소금 같은 인생이 가능해집니다. 어두움을 밝히고 썩어지지 않는 축복을 누리게 됩니다.

1. 말씀의 능력을 의지하라

하나님의 말씀은 세상의 말씀과 달리 생명력을 지니고 있습니다. 즉, 하나님의 말씀이 우리 안에 심겨지면 우리의 삶이 변화되기 시작합니다. 말씀이 살아 움직여 우리 삶을 예수 그리스도의 뜻하신 대로 바꿔 놓는 것입니다. 때문에 크리스천의 능력은 말씀을 마음 가운데 깊이 묵상하고 심을 때 나타납니다. 베드로가 병자를 치유하기 위해 '주 예수 그리스도의 이름'을 사용했듯이 우리가 주님이 하신 말씀을 근거로 세상과 대적할 때 우리는 승리할 수 있게 됩니다. 우리 역시 말씀으로 치유 받고, 전도하고, 마귀를 대적할 수 있습니다. 말씀은 바로 예수님 그분이십니다. 그분이 우리 안에 이 능력을 부어주실 수 있도록 말씀을 묵상하고 그 능력을 의지해야 합니다.

2. 지속적으로 말씀을 읽고 묵상하라

하나님의 말씀은 영의 양식으로서 묵상을 통해 지속적으로 꾸준히 섭취해야 합니다. 성경을 일독했다고 성경책을 덮어 버린다거나 성경책의 내용을 다 알기 때문에 더 이상 읽을 필요가 없다고 생각해서는 안 됩니다. 하나님은 말씀을 통해 한 사람, 한 사람 가운데 역사하시고 인도하십니다. 그러므로 매일 말씀 묵상하기를 쉬어서는 안 됩니다. 성도라면 누구나 분량을 정해 놓고 성경책을 읽어 그 안에서 하나님이 주시는 말씀을 묵상하고 삶에 적용점을 찾으며 하루를 시작해야 합니다. 혹은 QT 교재를 통해 매일매일 꾸준히 말씀을 묵상하고 하나님이 주시는 말씀을 실천해 나가려는 노력이 필요합니다. 이렇게 매일 하나님과의 교제를 통해 받은 말씀은 영의 양식이 되어 영적 성장을 가져오고 말씀의 능력이 살아 숨 쉬는 인생을 살아가게 해줍니다.

3. 말씀대로 순종하는 삶을 살라

말씀을 읽고 묵상해서 아는 것만큼 중요한 것이 말씀에 순종하는 것입니다. 말씀에 순종할 때 나의 믿음을 보여 드릴 수 있습니다. 우리가 무엇을 근거로 행동하는 가는 우리가 무엇을 믿고 있는지를 잘 보여 주기 때문입니다. 말씀을 아무리 읽어도 삶의 기준이나 태도는 세상 것을 쫓아간다면 말씀을 읽었을 뿐 믿는다고는 할 수 없습니다. 말씀에 순종할 때 하나님은 우리의 믿음을 보시고 기뻐하십니다. 그리고 우리를 통해 하나님의 계획을 펼쳐 보이십니다. 마태복음 6장 33절에 "그런즉 너희는 먼저 그의 나라와 그의 의를 구하라 그리하면 이 모든 것을 너희에게 더하시리라."라는 말씀이 있습니다. 언제나 말씀을 묵상하고 순종하여 하나님이 기뻐하시는 뜻을 이뤄 나갔을 때 그 이후의 삶은 하나님께서 책임져 주십니다.

4. 형통함을 누리는 삶을 살라

하나님께서는 우리에게 약속의 말씀을 주시고 그 말씀에 순종할 때 한평생 넘치는 은혜와 축복을 허락하십니다. 아브라함은 독자 이삭을 번제로 바치라는 하나님의 말씀을 듣고 이해되지 않았을지라도 즉시 순종함으로 행했습니다. 그리고 그 결과 아브라함은 하나님께 큰 복을 받는 축복의 사람이 됩니다. 순종의 결과는 축복입니다. 밤낮 옳고 그른 것만 따지고 까다롭게 하는 사람들은 의로운 것처럼 보이지만 제대로 일이 진행되지 않습니다. 오히려 문제를 일으키는 경우가 많습니다. 주님의 말씀을 묵상하고 그 뜻에 절대 순종으로 나아가는 것이 하나님의 큰 축복을 누리는 삶을 살 수 있는 비결입니다.

▎**말씀은** 하나님이 우리에게 주신 능력의 통로이자 축복의 통로입니다. 때문에 말씀을 통해 우리에게 능력과 형통함을 부여받을 수 있는 기회를 주신 것과 같습니다. 하나님은 그 말씀을 소수에게만 보이신 것이 아닙니다. 우리 모두에게 그 말씀을 보여주셨습니다. 그런데 누군가는 그 말씀을 소중히 여기고 읽고 묵상하며 지켜 행하지만, 누군가는 말씀을 소홀히 대하며 불순종하기를 거듭합니다.

구원은 거저 주신 은혜이지만, 말씀을 묵상하고 순종하는 것은 우리의 의지와 선택에 달린 문제입니다. 십자가의 은혜를 베풀어 주심에 감사하며 주님의 말씀에 순종함으로 나아가는 우리 모두가 돼야 할 것입니다. 결국 그 순종은 축복을 가져다주는 기회임을 기억하고 말씀을 붙들고 나아가는 삶을 사시기 바랍니다.

체크 퀴즈

Q 다음 중 말씀에 순종하는 올바른 방법은 무엇입니까?

① 자신의 능력을 최대한 믿고 신뢰한다.
② 묵상이나 기도를 통해 주시는 하나님의 말씀을 실천해 나가려고 노력한다.
③ 말씀 중에서 이해가 되는 부분만 믿고 따른다.
④ 하나님의 말씀이 옳은지 그른지 명확하게 따져보고 재어본다.

정답 : ②

 성경 인물 예화

말씀에 순종하여 병을 치유 받은 나아만 장군

> "나아만이 이에 내려가서 하나님의 사람의 말대로 요단 강에 일곱 번 몸을 잠그니 그의 살이 어린 아이의 살 같이 회복되어 깨끗하게 되었더라(열왕기하 5:14)."

아람 왕의 군대 장관 나아만은 많은 사람들에게 인정받는 위대한 용사였지만 나병을 앓고 있었습니다. 그러던 어느 날 이스라엘에서 종으로 잡혀온 어린 소녀를 통해 이스라엘에 있는 선지자가 나병을 고칠 수 있다는 이야기를 듣게 됩니다. 나아만 장군은 지푸라기라도 잡는 심정으로 엘리사를 찾아갔습니다. 하지만 엘리사는 그를 직접 만나 주지도 않고, 그저 자신의 종을 통해 요단 강에 가서 7번 씻으라는 말만 전해줍니다. 한 나라의 위대한 장군인 자신을 직접 안수하며 치료하기는커녕 물도 더러운 요단 강에서 씻으라는 명령에 화가 났습니다.

그러나 결국 나아만 장군은 엘리사의 말에 순종했고, 피부가 깨끗하게 되는 나음을 입었습니다. 우리도 하나님이 명령하실 때 순종함으로 행하면 나아만 장군과 같이 기적을 체험할 수 있습니다. 반대로 말씀을 듣기만 하고 알고는 있을지라도 순종함이 없으면 말씀의 능력은 나타나지 않습니다. 말씀에 순종함을 통해 주님이 주시는 온전한 축복을 누릴 수 있어야 합니다. ★★

적용 연습

🕐 하나님의 말씀 가운데 순종하기 가장 어려운 부분은 무엇입니까?

💼 순종함을 통해 축복을 받은 경험이 있다면 무엇이었는지 구체적으로 적어 봅시다.

📜 열왕기하 5장을 읽고 하나님의 말씀에 순종하는 삶에 대해 묵상한 후 그 내용을 적어 봅시다.

 **말씀 암송**

말씀 암송을 통해 우리 안에 말씀이 살아 숨 쉴 때 성령님이 우리 삶에 역사하십니다. 반드시 말씀 암송을 마친 후에 다음 장으로 넘어가시기 바랍니다.

1. _____

   _____ 즐거운 해를 지낼 것이요 (욥기 36:11)

2. _____ 땅의 아름다운 소산을 먹을

   것이요 (이사야 1:19)

3. 이 언약은 내가 너희 조상들을 쇠풀무 애굽 땅에서 이끌어내던

   날에 그들에게 명령한 것이라 _____

   _____

   _____ (예레미야 11:4)

4. _____

   _____

   내가 너와 함께 있어 내가 다윗을 위하여 세운 것 같이 너를 위

   하여 견고한 집을 세우고 이스라엘을 네게 주리라 (열왕기상 11:38)

4차원의 영성을 삶에 적용하기 위한 자기 훈련의 시간입니다. 자기 스스로에게 하는 '긍정 선언문'을 통해 주님의 축복을 자신의 것으로 누릴 수 있습니다. 또 삶의 직접적인 변화를 가져오는 구체적인 '행동 지침서'를 적어 삶에 적용하고 스스로를 훈련해 나가시길 바랍니다.

📋 내가 만드는 긍정 선언문

말씀을 묵상하고 순종하는 삶을 살기 위해 필요한 긍정의 다짐들을 글로 적습니다. 다음의 긍정 선언문을 매일 아침, 저녁에 큰 목소리로 읽습니다.

1. 나는 하나님 말씀에 순종함으로 형통한 삶을 누리는 사람입니다.

2. 나는 _____

3. 나는 _____

4. 나는 _____

📋 내가 만드는 행동 지침서

말씀을 묵상하고 순종하는 삶을 살기 위해 구체적으로 어떠한 행동의 변화, 노력들을 행할 것인지 적어 봅시다.

1. _____

2. _____

3. _____

4. _____

1단계	Unlimited God's thinking
2단계	Positive faith
3단계	God-given vision
4단계	Remember power of word
5단계	An hour prayer
6단계	Day-by-day friendship with Holy Spirit
7단계	Eat spiritual bread

실천 체크 리스트

각 단계별로 필요한 자기 훈련 실천 목록을 직접 적은 후
7일간 그에 대해 체크 표시하며 자가 진단합니다.
부족한 부분은 지속적으로 훈련할 수 있도록 노력하고
잘된 부분이 있다면 거룩한 습관으로 자리 잡아 가도록 합니다.

1단계   생각 : 나는 전능하신 하나님의 자녀이다

1. 하나님의 방식대로 생각하라
2. 긍정적인 생각으로 무장하라
3. 부정적인 생각을 대적하라
4. 다섯 가지의 복음과 세 가지의 축복을 생각하라

리더는 전능하신 하나님의 자녀라는 자화상을 갖고 있어야 합니다. 모든 환경과 상황을 초월하여 그분의 뜻과 계획을 펼치실 주님이 나의 아버지라는 생각을 갖고 창의적이고 초월적인 생각을 품어야 합니다. 생각을 통해 육체와 환경이 변화될 수 있음을 믿고 생각을 업그레이드 하기 위한 자기 훈련 실천 목록을 적어 봅시다.

자기 훈련 실천 목록	1	2	3	4	5	6	7
1.							
2.							
3.							
4.							

2단계 믿음 : 나는 하나님 안에서 능히 할 수 있다

1. 바라봄의 믿음 법칙을 사용하라
2. 부정적인 유혹의 환경과 싸우라
3. 3차원 인생의 짐을 주께 맡기라
4. 믿음으로 사는 법을 학습하라

리더는 하나님 안에서 능치 못할 것이 없다는 절대 긍정의 믿음을 가진 자입니다. 하나님은 우리의 믿음을 통해 일하십니다. 다윗이 골리앗을 이길 수 있었던 것은 그가 하나님의 능력을 믿었기 때문입니다. 우리 역시 하나님의 능력을 의지하여 믿음으로 행할 때 기적이 나타나게 되는 것입니다. 부정적인 환경을 초월하기 위해서는 믿음도 훈련해야 합니다. 이를 위한 자기 훈련 실천 목록을 적어 봅시다.

자기 훈련 실천 목록	1	2	3	4	5	6	7
1.							
2.							
3.							
4.							

실천 체크 리스트

3단계 꿈 : 나는 하나님의 비전을 키워 나간다

1. 하나님의 크고 비밀한 일을 소망하라
2. 마음에 꿈꾸는 것을 구체적으로 그려라
3. 꿈의 성취 과정에서 작은 일부터 실천하라
4. 항상 '희망의 꿈'을 간직하고 확산시켜라

리더는 하나님의 비전을 품고 키워 나가는 사람입니다. 하나님의 비전을 품은 사람은 요셉처럼 환경에 굴복하지 않고 항상 그 꿈을 그리며 바라보고 선포합니다. 이것이 하나님의 비전을 이뤄 나가는 과정입니다. 먼저 하나님의 비전을 받고 그 꿈을 어떻게 이뤄 나갈 것인지 구체적인 그림을 그려 보십시오. 그리고 매일 그 꿈을 선포하고 바라보며 꿈을 그리는 연습을 해야 합니다. 이를 위한 자기 훈련 실천 목록을 적어 보십시오.

자기 훈련 실천 목록	1	2	3	4	5	6	7
1.							
2.							
3.							
4.							

4단계 말 : 나는 말의 창조력을 지니고 있다

1. 희망의 말씀을 입술 밖으로 선포하라
2. 말로써 믿음을 풀어 놓으라
3. 창조적이고 성공적인 말을 하라
4. 천국 언어로 통역해서 말하라

리더는 하나님으로부터 받은 말의 권세를 지혜롭게 사용할 줄 아는 사람입니다. 하나님이 말씀을 통해 세상을 창조하신 것처럼 하나님의 자녀인 우리 역시 입술에 창조력을 지니고 있습니다. 때문에 리더는 긍정적이고 창조적인 말을 선포하여 그것이 현실이 되게 하는 능력을 발휘해야 합니다. 하지만 말은 습관적으로 내뱉어질 수 있기 때문에 훈련을 통해 다듬어져야 합니다. 이를 위한 자기 훈련 실천 목록을 적어 봅시다.

자기 훈련 실천 목록	1	2	3	4	5	6	7
1.							
2.							
3.							
4.							

5단계 기도 : 나는 기도로 영적 권세를 지닌다

1. 기도로 무장한 삶을 살라
2. 끈질기게 기도하라
3. 방언으로 기도하라
4. 부르짖어 기도하라

리더는 기도를 통해 영적 권세를 부여받습니다. 특별히 리더는 하루 한 시간 이상 기도하며 성령과 교통하는 기도를 드려야 합니다. 그때 영적 권세를 지니고 성령의 능력으로 공동체를 이끌어 나갈 수 있습니다. 물론 하루에 한 시간씩 기도가 저절로 되는 것은 아닙니다. 우리의 의지를 드려 기도를 훈련할 수 있어야 합니다. 이를 위한 자기 훈련 실천 목록을 적어 봅시다.

자기 훈련 실천 목록	1	2	3	4	5	6	7
1.							
2.							
3.							
4.							

6단계 성령 : 나는 언제나 성령님과 동행한다

1. 매일의 삶에서 성령님과 교제하라
2. 작은 예수의 삶을 살라
3. 사랑과 행복을 나누는 삶을 살라
4. 거룩한 습관, 4차원의 영성을 가져라

리더는 언제나 성령님과 동행하며 나아갑니다. 조용기 목사님은 매일 아침 "성령님, 환영하고 인정하고 모셔 들입니다."라고 인사하며 하루를 시작하며 성령님과 동행하기 위해 노력했습니다. 우리는 하루를 살면서 성령님을 인정하지 않고 내 뜻대로 살 때가 많지만 매일 의지적으로 성령님을 마음속에 모셔 들이기 위해 노력해야 합니다. 이를 위한 자기 훈련 실천 목록을 적어 봅시다.

자기 훈련 실천 목록	1	2	3	4	5	6	7
1.							
2.							
3.							
4.							

실천 체크 리스트

7단계 말씀 : 나는 말씀에 순종함으로 형통케 된다

1. 말씀의 능력을 의지하라
2. 지속적으로 말씀을 읽고 묵상하라
3. 말씀대로 순종하는 삶을 살라
4. 형통함을 누리는 삶을 살라

리더는 하나님의 말씀에 순종함으로 형통함을 누리는 사람입니다. 이를 위해서는 무엇보다 하나님의 말씀을 제대로 알아야 합니다. 따라서 매일 말씀을 묵상하고 성경 읽기를 쉬지 말아야 합니다. 날마다 말씀 묵상을 통해 하나님으로부터 음성을 듣고 삶에서 그 말씀을 실천할 때 말씀의 능력이 나타나게 되는 것입니다. 꾸준한 말씀 생활을 위해 자기 훈련 실천 목록을 적어 봅시다.

자기 훈련 실천 목록	1	2	3	4	5	6	7
1.							
2.							
3.							
4.							

플러스 α : 더 읽을거리

플러스 α : 더 읽을거리

① 4차원의 영성과 생각

   4차원의 영성을 구성하는 요소로서 생각은 4차원에 속한 것으로 3차원의 세계에서 시공간의 제한받지 않고 자유로운 것입니다. 4차원의 영역인 생각은 3차원의 세계를 변화시킵니다. 그러므로 4차원의 생각에 따라 3차원의 세계는 영향을 받습니다. 절대 주권자로서의 좋으신 하나님은 인간에게 자신의 뜻을 말씀하실 때 주로 4차원의 영적 언어인 생각을 통해 나타내십니다. 그러므로 우리들은 생각을 통해서 하나님과 만날 수 있습니다.

   우리가 4차원의 영적 세계의 능력을 체험하기 위해서는 언제나 4차원의 영적 언어인 생각을 잘 활용해야 합니다. 영적 세계의 원리에 따르면 4차원의 생각이 부정적이면 3차원의 세계가 부정적으로 나타나며, 긍정적으로 생각하면 3차원의 세계는 긍정적인 열매를 맛보는 것입니다. 이에 대해 성경은 이렇게 강조합니다. "육신의 생각은 사망이요 영의 생각은 생명과 평안이니라(로마서 8:6)."

   따라서 3차원의 물질세계인 시공간에 제한을 받고 있는 우리가 4차원의 영적 세계의 능력을 체험하려면 먼저 생각을 바꿔야 합니다. 생각을 바꾸기 위해서는 하나님의 생각이 기록된 성경 말씀을 묵상하고 그 말씀이 우리의 생각을 지배하게 해야 합니다. 성령의 감동으로 기록된 말씀이 우리의 생각에 영향을 주고 생각을 새롭게 변화시키며 하나님의 뜻을 분별하게 합니다.

하나님의 뜻을 알려면 마음을 새롭게 하여 영의 생각을 가져야 합니다. 생각을 새롭게 할 때, 우리의 영속에 믿음이 역사합니다. 그 역사를 맛보기 위해서는 먼저 말씀을 들어야 합니다. 들음으로써 하나님의 말씀이 우리의 생각에 들어옵니다. 하나님의 생각이 우리의 영에 임하여서 믿음이 생겨나는 것입니다.

죄로 인하여 하나님으로부터 분리되고 단절된 인간의 생각 속에 언제나 부정적인 생각 때문에 3차원의 물질세계인 '삶의 자리(Sitz im Leben)'에서 4차원의 영적 세계의 능력을 체험할 수 없습니다. 왜냐하면 4차원에 속한 생각은 3차원의 세계를 지배하고 다스리기 때문입니다. 우리가 명심해야 할 것은 4차원의 영적 세계에서는 선한 것뿐 아니라 악한 것도 만들어진다는 사실입니다. 그러므로 우리는 4차원에 속한 생각을 부정적인 것에서 긍정적인 생각으로 가득 채워 나가기 위해 꾸준히 노력해야 합니다.

플러스 α : 더 읽을거리

② 4차원의 영성과 믿음

믿음에는 3차원의 세계에 속하는 본능적 믿음과 이성적 믿음 그리고 4차원의 영적 세계에 속하는 영적인 믿음이 있습니다. 4차원의 영적 세계의 믿음은 인간의 본능적이고 이성적인 것이 아니라 하나님이 주시는 선물입니다. 우리에게 주어지는 믿음의 원천은 하나님의 말씀입니다. 우리가 하나님의 말씀을 읽고 들을 때, 우리의 생각이 하나님의 생각으로 바뀌게 되고 영적인 믿음을 소유하게 되는 것입니다. 물론 이것은 전적으로 성령의 역사 속에서 일어나는 현상입니다. 믿음은 성령의 감동으로 기록된 말씀을 통해 우리의 생각 속에 생기는 것입니다. 우리는 4차원의 영적 세계를 계시하는 하나님의 말씀인 성경을 통해 성령의 언어를 배울 수 있습니다. 영원불변의 절대 진리인 하나님의 말씀은 3차원의 물질세계에 기적을 창출하는 4차원의 영적 믿음을 만들어 냅니다. 성령충만한 상태에서 하나님의 말씀을 통해 3차원의 세계에 기적을 체험할 수 있는 4차원의 영적 믿음을 가질 수 있는 것입니다.

그러므로 날마다 창세기부터 요한계시록까지의 말씀을 묵상하며 공부해야 합니다. 성령께서 역사하시는 데 필요한 말씀을 준비해 놓는 것입니다. 그런 후에야 성령께서 우리의 마음속에 믿음을 심어 주십니다.

   이와 같이 선포된 말씀과 4차원의 영적 믿음은 서로 유기적인 관계성이 있습니다. 또한 전지전능하신 절대 주권자로서의 좋으신 하나님께서 믿음을 분량대로 주시지만 우리가 믿음을 하나님의 방법대로 개발하고 성장시킬 수 있습니다. 그러므로 믿음의 법칙의 실제적인 적용을 통해 우리는 더 깊고 넓은 4차원의 영적 믿음의 세계로 나아가야 합니다. 3차원의 물질세계에 사는 우리가 4차원의 영적인 세계의 기적을 체험하는 정도는 우리 안에 있는 믿음의 크기와 정비례하므로 날마다 4차원의 믿음을 성장, 성숙시켜야 합니다.

   만약 우리가 하나님과 함께하는 믿음의 길을 발견하지 못한다면, 하나님의 역사를 제한적으로 체험하게 될 것입니다. 하나님의 역사는 우리의 믿음이 허용하는 것만큼 크게 체험할 수 있습니다. 하나님의 역사는 또한 우리가 믿음으로 규정하는 만큼 작게 체험될 수도 있습니다. 이 원리를 잘 기억해야 합니다.

플러스 α : 더 읽을거리

③ 4차원의 영성과 꿈

꿈은 4차원의 영적 세계에 속한 것으로서 성령의 영적 언어입니다. 성령께서는 여러 가지 꿈과 비전을 우리의 마음속에 불어넣어 주시고 그것들을 통해 계속 말씀하시는 것입니다. 우리는 꿈과 비전을 통해 더 큰 교회를 바라보면서 꿈꿀 수 있습니다. 또 새로운 선교지와 교회가 성장하는 것 그리고 직장 및 사업과 가정이 잘되는 것을 바라볼 수 있습니다.

하나님의 형상으로 창조된 인간은 육체적이면서 동시에 영적인 존재로서 4차원에 속해 있으므로 3차원의 세계를 지배하고 다스릴 수 있습니다. 인간이 3차원의 물질세계를 다스릴 때에는 하나님께서 언제나 4차원의 영적 언어인 꿈과 비전을 주셔서 지배하고 다스리게 하셨습니다. 그러면 꿈과 비전은 어떻게 받을 수 있습니까?

성경에 있는 하나님의 말씀은 3차원의 세계가 아니라, 4차원의 영적 세계에 대한 신령한 말씀입니다. 하나님의 말씀을 통해 우리는 하나님께서 우리에게 주신 생명에 대해 알 수 있습니다. 성경 말씀을 통해 우리는 성령의 언어를 배웁니다. 그리고 성령께서 우리의 비전과 꿈을 어떻게 키워 주시고 이뤄 주시는지 알 수 있습니다. 성령께서 우리에게 성령의 언어인 꿈과 비전을 가르치도록 구해야 합니다. 비전을 받았으면 그 비전을 잘 간직하고 늘 성령을 의지해야 합니다.

우리는 하나님의 말씀을 통해서 성령의 언어를 배울 수 있습니다. 즉 성령께서 말씀을 통해 꿈과 비전을 주시는 것입니다. 성령의 언어인 꿈과 비전은 3차원의 물질세계에서 추구하는 인간적인 야망이나 욕망을 말하는 것이 아닙니다. 이러한 것들은 인간의 정신세계를 계발하려는 사탄의 영역에 속한 것입니다. '마인드 컨트롤(mind control)'이나 요가, 초월적인 명상과 혼동하지는 말아야 합니다. 이런 의식들은 단순히 인간의 정신세계(혼의 잠재력)를 계발하려는 사탄의 영역에 불과할 뿐입니다.

그러므로 우리는 3차원의 물질세계를 지배하고 다스리기 위해서는 반드시 성령께서 말씀을 통해 주시는 4차원에 속한 성령의 언어, 즉 꿈과 비전을 받아야 합니다.

플러스 α : 더 읽을거리

④ 4차원의 영성과 말

   4차원의 영적 믿음으로 목표에 대한 응답이 마음속에 올 때까지 기도하여 분명한 확신이 생겼다면, 그 다음으로는 분명해진 목표를 매 순간 입으로 시인하고 선포해야 합니다. 왜냐하면 하나님이 주신 소원에 대한 절대 긍정의 믿음과 함께 입술의 선포가 성령의 창조적 역사를 이루는 데 직접적인 매개체가 되기 때문입니다. 이것이 4차원의 영성의 마지막 구성 요소인 말(Word)입니다. 우리의 말이 4차원의 영적 세계에 속하는 것이므로 우리가 어떻게 그 말을 사용하느냐에 따라서 3차원의 물질세계가 움직입니다.

   만약 성령께서 우리의 마음속에 문제의 산을 옮길 만한 믿음을 주시면 그 문제의 산을 옮겨 달라고 애원할 필요가 없습니다. 애원보다는 이렇게 명령해야 합니다. "이 문제의 산은 저 바다로 옮겨가라." 그러면 놀라운 일들이 나타나기 시작할 것입니다. 우리가 이것을 배웠으면 성령의 기름 부으심 아래서 말하는 것을 습관화해야 합니다. 하나님께서 우리에게 주신 믿음을 통해 우리의 삶에 넘치는 기적이 나타날 것입니다.

   그러므로 우리의 언어가 먼저 달라져야 합니다. 우리가 말을 바꾸지 않으면 우리 삶도 달라지지 않습니다. 그래서 부정적인 말을 버리고 항상 긍정적인 말을 하는 습관을 들여야 하는 것입니다.

 4차원의 영적 세계에서는 말하는 것이 이렇게 매우 중요한 것임을 깨달아야 합니다. 하나님의 말씀이 창조력이 있듯이 우리에게도 그 창조력이 있습니다. 이것은 창세기의 창조 원리에도 분명하게 나타나 있습니다. 하나님께서 우주 만물을 창조하실 때에 말씀으로 창조하셨고, 하나님의 형상대로 지음 받은 인간의 말에도 창조력을 부여했습니다(창 1:3, 2:19). 창세기 2장 19절의 말씀을 통해서 우리가 깨달을 수 있는 것은 하나님께서 말씀으로 창조하시고 다스리시는 것처럼 인간도 말로 피조 세계를 다스리고 있다는 것입니다.

 3차원의 물질세계에서 4차원의 영적 세계의 기적을 체험하기 위해서는 창조력이 있는 말을 잘 사용하는 것입니다. 4차원의 창조적인 언어는 성령께서 창조적 역사를 행하시는 재료가 됩니다. 그러므로 우리가 성령이 역사하실 수 있는 재료를 드려야 합니다. 그것이 바로 창조적이고 생산적인 언어 사용법입니다. 성령께서 우리 속에 충만하게 임재 하실지라도 창조적인 언어로 선포하지 않는다면 창조의 역사는 일어나지 않습니다. 이러한 맥락에서 우리는 성령의 창조적인 역사를 위해 긍정적이고 창조적인 말을 해야 하는 것입니다.

플러스 α : 더 읽을거리

⑤ 4차원의 영성과 기도

기도는 하나님 아버지의 뜻을 우리의 뜻에 의하여 변화시키는 것이 아니라, 우리의 뜻을 하나님 아버지의 뜻에 복종시키는 일입니다. 기도는 하나님의 뜻을 깨닫고 그 뜻에 전적으로 복종하는 입술의 시인입니다. 우리는 기도를 통하여 하나님의 마음을 우리의 마음에 접붙일 수 있습니다. 하나님 앞에 나아가 기도할 때 성령님께서 우리의 마음에 하나님의 생각을 받아들이게 합니다.

기도하는 동안 우리는 하나님의 생각을 우리의 생각 속에 받아들이고 우리의 생각을 하나님의 뜻에 일치시키게 됩니다. 하나님께서는 우리가 하나님 앞에 나아가 기도를 통해 함께 대화하고 교제하기 원하십니다. 그러므로 우리는 "모든 기도와 간구를 하되 항상 성령 안에서 기도하고 이를 위하여 깨어 구하기를 항상 힘쓰며 여러 성도를 위하여 구하라(에베소서 6:18)."라고 하신 말씀대로 항상 기도를 생활화해야 합니다.

기도는 성령의 음성을 듣게 함으로써 우리가 그리스도 안에서 4차원의 영성의 삶을 사는데 필수적입니다. 말씀에 근거하여 기도할 때 성령의 기름 부음을 체험할 수 있으며 그때 하나님의 뜻과 계획을 알 수 있고, 또한 그 뜻에 맞춰 절대 긍정의 믿음을 가지며, 꿈과 비전을 받을 수 있습니다.

그러므로 우리는 하나님 앞에 기도할 때 하나님의 말씀을 가지고 나가야 합니다. 그것은 우리의 구하는 것이 하나님의 뜻에 어긋나는 것이 아닌가를 알기 위해서이고, '하나님께서 이렇게 말씀하셨으니 나에게 이루어 주시옵소서.' 라고 말씀에 근거하여 기도를 할 수 있기 때문입니다. 하나님의 말씀은 우리에게 하나님의 선하시고 기뻐하시고 온전하신 뜻을 알게 합니다. 이렇게 하나님의 말씀에 근거하여 기도할 때 성령의 기름 부음 가운데 4차원의 구성 요소인 생각, 믿음, 꿈, 말 등을 통한 4차원의 영성 생활을 할 수 있습니다.

그리고 기도할 때에 마음에 생긴 확신을 입으로 선언하고 담대히 명령하는 기도를 해야 합니다. "건강은 다가올지어다.", "형통한 복이 있을지어다.", "범사에 잘 될지어다." 이것이 우리 환경 가운데 창조적인 역사가 일어나게 하는 위대한 선언이요, 하나님의 뜻을 이 땅에 실현시키는 기도입니다.

플러스 α : 더 읽을거리

⑥ 4차원의 영성과 성령

인간은 본성적으로 영, 혼, 육이 하나로 연결된 존재로 하나님에 의해 특별하게 창조된 존귀한 피조물입니다. 즉 하나님의 형상으로 창조되어 하나님과 영적으로 교제하는 자입니다. 영, 혼, 육의 통일된 존재인 전인으로 창조된 인간 속에서 영이 혼을, 또한 혼이 육을 조화롭게 통제하고 다스리는 것이 하나님의 창조 원리입니다. 하나님이 창조하실 때에 인간의 영은 하나님과 끊임없이 대화를 나누고, 그 말씀에 복종하여 혼에게 전달하고, 혼은 다시 의지로 순종하여 그것을 육에게 전달했습니다. 그러면 육은 지체(肢體)를 통하여 그 말씀을 실천한 다음 혼에게 보고하고, 혼은 다시 영에게 보고하고, 영은 하나님께 보고하는 참으로 조화로운 상태였습니다. 이러한 조화는 성부, 성자, 성령 삼위일체 하나님 안에서 찾아볼 수 있는 바로 그러한 아름다움이었습니다. 또한 인간의 영과 혼, 그리고 육체는 상호 밀접하게 유기적인 관계를 형성하고 있습니다. 그래서 육신이 건강하면 영적으로도 좋은 상태를 유지하지만 몸이 병들면 영적으로도 침체됩니다.

현대 정신의학자들은 모든 질병이 마음에서부터 시작된다고 합니다. 성경에도 "마음의 즐거움은 양약이라도 심령의 근심은 뼈를 마르게 하느니라(잠언 17:22).", "사람의 심령은 그의 병을 능히 이기려니와 심령이 상하면 그것을 누가 일으키겠느냐(잠언 18:14)."라고 기록되어 있습니다.

창세기 2장 7절의 인간 창조에 대한 조용기 목사의 설명에 의하면 하나님께서 흙으로 빚은 사람의 몸속에 생기를 불어넣어 '생령'이 되게 하셨으므로, 인간은 물질적인 동시에 영적인 존재라는 것을 알 수 있습니다. 비록 인간은 육체를 지닌 존재로서 시공간의 제약을 받지만, 또한 영적인 존재로서 4차원의 영적 세계에 속해 있으며 그 세계를 체험할 수 있는 것입니다.

우리는 시간과 공간에 제한된 존재이므로 오직 성령께서 우리에게 주시는 상상력과 비전, 그리고 꿈을 통해 부화할 수 있습니다. 성령께서는 우리가 창조적인 일을 할 수 있도록 젊은이에게는 환상을 주고, 늙은이는 꿈을 꾸게 도와주시는 것입니다(욜 2:28, 행 2:17). 성령께서 주시는 이러한 꿈과 비전이 있을 때 우리는 한계의 벽을 뛰어넘어 우주로 뻗어 나갈 수 있게 됩니다.

전능하신 하나님은 성령으로서 인간의 영속에 현존하시므로 인간은 하나님과 영적으로 지속적으로 교통, 교제할 수 있습니다. 따라서 육체적이면서 동시에 영적인 존재인 인간이 성령과 동행하므로 삶의 터전인 3차원의 세계를 지배하고 다스리는 존재로 변화됩니다.

플러스 α : 더 읽을거리

⑦ 4차원의 영성과 말씀

　우리는 4차원의 영적 세계에 대한 신령한 말씀인 성경을 통해 성령의 언어를 배울 수 있습니다. 하나님의 말씀은 기록된 말씀(로고스)과 선포된 말씀(레마)으로 설명할 수 있습니다. 기록된 말씀은 하나님께서 모든 사람에게 공통적으로 주신 기록으로서의 말씀입니다. 이 말씀을 통해서 우리는 하나님의 계시에 대한 일반적인 지식과 하나님의 성품을 배울 수 있습니다. 반면에 선포된 말씀은 성령께서 기록한 말씀 중에서 믿는 자의 마음에 생생하게 불어넣어 살아있는 말씀이 되게 합니다. 이것은 하나님께서 정하신 때에 정하신 사람에게 주시는 계시의 말씀입니다.

　기록된 말씀은 하나님께서 하신 말씀으로서 아직 동하지 않는 베데스다 못에 비유할 수 있습니다. 선포된 말씀은 하나님께서 바로 지금 우리에게 하시는 말씀으로써 놀라운 치료의 역사를 위해 베데스다 못의 물이 동하는 것과 같은 의미입니다. 성령께서 기록된 말씀을 우리에게 생생하게 선포된 말씀으로 되살려 주실 때 기적을 일으키는 믿음이 우리의 마음속에 생기는 것입니다. 그러면 그 말씀이 더 이상 하나님께서 모두에게 하신 말씀이 아니라 지금 바로 나에게 하시는 말씀임을 깨닫게 됩니다. 그 말씀을 의지하여 굳게 서서 계속 전진해 나가면 하나님이 예비하신 기적을 맛볼 수가 있습니다.

이처럼 성령님이 마음속에 말씀을 심어 주시는 것을 경험하기 위해서는 성경 말씀을 정기적으로 묵상하고 읽고 성경 공부를 해야 합니다. 말씀이 우리 안에 있어서 어느 때고 성령님이 주시는 말씀을 민감하게 바로 알아챌 수 있는 것입니다. 그때 성령님과 자연스럽게 말씀을 주고받으며 하나님의 계시를 듣는 영성 생활이 가능해집니다.

우리는 성경에서 가장 훌륭한 언어를 배울 수 있습니다. 성령께서 필요한 성경 말씀을 통하여 우리를 활력 있게 하시고 우리들 각자의 마음속에 역사하시게 해야 합니다. 하나님의 뜻과 계획 그리고 생각이 담겨 있는 성경 말씀을 통해서 4차원의 영적 세계의 능력을 맛볼 수 있습니다. 성경을 창세기부터 요한계시록까지 정독하여 다 읽으십시오. 성경의 언어에 점령당하여 그 말씀에 순종하며 나아갈 때 하나님의 능력이 삶 속에 펼쳐지게 됩니다.

4차원의 영성 리더십 대학

초판 1쇄 발행	2010년 9월 15일
지은이	이영훈
펴낸곳	교회성장연구소
편집인	이장석
편집장	이봉연
기획	여의도순복음교회 교회성장국
편집	최진영, 곽은애, 김영선
디자인	박진실
마케팅 팀장	이승조
마케팅	김성경
등록번호	제12-177호
주소	서울시 영등포구 여의도동 11-14 영산복지센터 8층
전화	02-2036-7936
팩스	02-2036-7910
웹사이트	www.pastor21.net

책 가격은 뒤표지에 있습니다.

ISBN : 978-89-8304-158-6 03230
잘못 만들어진 책은 바꾸어 드립니다.